# Comprar o Dip?

Investindo em Finanças Descentralizadas e Comércio Cryptocurrency, 2022-2023 - Bull or bear? (Estratégias inteligentes e lucrativas para iniciantes)

Bit Bros Media

# Isenção de responsabilidade

# Ações, títulos, criptogramas, tudo se desmorona: e agora?

Para os investidores, tem sido um ano ruim até agora. Tanto em ações, como em títulos e criptos você perdeu muito dinheiro este ano e com dinheiro no banco você também perde, porque a taxa de inflação em abril foi de quase 10%. Para onde você ainda pode ir com seu dinheiro se quiser ganhar algum dinheiro?

Durante anos, as taxas de juros baixas foram as melhores amigas dos investidores. Como a poupança bancária não rendia quase nada devido às baixas taxas de juros, muito mais dinheiro era investido em ações. E isso fez subir consideravelmente os preços, o que, por sua vez, trouxe muito retorno aos investidores.

Por exemplo, no ano passado, você ganhou 28% com o índice AEX, o principal índice da bolsa de valores de Amsterdã. Mas este ano, o índice AEX já caiu cerca de 15%. Apenas quatro dos 25 fundos AEX estão em lucro.

Obrigações então? Se as taxas de juros caírem, como nos últimos anos, isso será bom para os preços das obrigações. Haverá muita demanda por títulos existentes, porque seus juros são geralmente mais altos do que a taxa de mercado. Se isso começar a subir novamente, essa vantagem desaparecerá. E os preços dos títulos cairão. Nos títulos do governo holandês, você já perdeu 10% este ano.

**Com medo de taxas de juros mais altas**

A razão pela qual as ações e títulos estão indo mal é que os investidores temem que a alta inflação atual na zona do euro e nos EUA leve os bancos centrais a aumentar as taxas de juros. Os bancos centrais tradicionalmente tentam combater a inflação muito alta com taxas de juros mais altas.

Os Estados Unidos já começaram a fazer isso e os analistas pensam que as taxas de juros serão mais altas lá. Christine Lagarde, ceo do BCE (Banco Central Europeu), disse que será dado início ao aumento das taxas de juros oficiais em julho.

### Criptos então?
Também não há nada a se ganhar com moedas criptográficas este ano. O preço da bitcoin, de longe a criptografia mais importante, é agora cerca de 40% mais baixo do que no início do ano.

O bitcoin foi vendido como o ouro digital, mas com o bitcoin você não recebe compensação como juros ou uma parte dos lucros, diz Stan Westerterp, proprietário da Bond Capital Partners. "Com as taxas de juros subindo, o bitcoin está se tornando menos atraente".

### Dinheiro?
Você deveria então ter deixado seu dinheiro no banco? Mwah, a taxa de juros é zero, e se você tem mais de uma tonelada no banco, você paga até 0,5% de juros. Pior ainda, seu dinheiro valerá menos de qualquer forma devido à inflação.

Segundo nosso próprio CBS (Central Bureau of Statistics), um euro valia 9,6% menos em abril do que um ano antes.

## Ouro e casas

Há, no entanto, categorias de investimento em que os preços subiram. Em abril, por exemplo, as casas eram em média 13,7% mais caras do que um ano antes. Mas a compra de uma casa como investimento não é para todos.

O preço do ouro também subiu, em quase 1%. Após a invasão russa da Ucrânia, o ouro foi visto como um refúgio nestes tempos incertos. E os investidores também entram com freqüência no ouro quando a inflação está aumentando.

## Estoques de energia

Então, não há mais nada em que você possa investir? O único investimento que está indo bem no momento são as ações energéticas, diz Jacob Schoenmaker. No AEX, por exemplo, a Shell é de longe a empresa de maior risco este ano, com um ganho de mais de 37 por cento.

"Mas você não deve colocar todo seu dinheiro em empresas de energia, porque se o sentimento se transformar, esses preços provavelmente cairão novamente".

## Ou seguradoras

É possível que os bancos e seguradoras ainda possam se beneficiar de taxas de juros mais altas, pensa

Schoenmaker. Para eles, ao contrário das ações em geral, taxas de juros mais altas são realmente benéficas. Mas se os preços das ações caírem, as seguradoras em particular sofrerão, diz a Schoenmaker.

É importante, no entanto, divulgar seus investimentos, adverte Schoenmaker. Portanto, não coloque todos os seus ovos em uma cesta. Isso significa que você não pode evitar colocar parte de seu dinheiro em investimentos que estão sendo duramente atingidos no momento.

# Tabela de Conteúdos

# O mercado no início de 2022

Cada vez mais empresários independentes estão tomando a decisão de investir em moedas criptográficas e ações. Por exemplo, desde o início da pandemia, o preço do bitcoin tem sido mais do que interessante para as pessoas que querem dar um salto para o extremo profundo do mundo criptográfico.

Os investimentos em outras moedas criptográficas também estão aumentando. Pense no XRP de ondulação ou no Éter de Ethereum. Você também está planejando começar com o dinheiro digital como empresário autônomo? Neste artigo, você pode ler mais sobre o que precisa saber sobre investimentos em moedas criptográficas em 2022.

Saiba como funciona o criptográfico antes de começar a investir

Primeiro, é bom saber como funciona o criptograma antes de gastar dinheiro com ele. Pesquisas recentes do Radar mostram que a maioria dos proprietários de criptografia não tem idéia de como a criptografia funciona exatamente. O fato é que existem diferentes tipos de moedas virtuais nas quais você pode investir. A mais conhecida é a bitcoin, que também é a primeira moeda criptográfica. Em 2009, a primeira transação com o bitcoin foi enviada pelo fundador Satoshi Nakamoto. Um ano depois, em 2010, foi realizada a primeira transação comercial. Duas pizzas foram compradas por 10.000 bitcoin.

Com o conhecimento de que um bitcoin vale mais de US$ 34000 no momento de escrever, você mal pode imaginar. Ao longo dos anos, a bitcoin se tornou incrivelmente valiosa. Mais e mais pessoas começaram a investir nele e a cadeia de bloqueio, na qual a moeda opera, tornou-se cada vez mais forte e mais segura. Além do bitcoin, existem outras moedas criptográficas nas quais você pode investir. Tomemos por exemplo o XRP sobre a taxa de câmbio de ondulação ou o Ether ou a taxa de câmbio Ethereum. Estes altcoins valem um pouco menos do que o bitcoin, mas certamente não são menos interessantes. Portanto, veja cuidadosamente quais moedas se encaixam em sua carteira.

**Você vai investir em criptografia para uso comercial ou privado?**
Uma vez que você tenha mergulhado um pouco nas entradas e saídas das moedas criptográficas, é bom ver como você vai investir em uma ou mais moedas. Afinal, como empresário, você pode apostar tanto em negócios quanto em particular. Você deve saber que quando decidir entrar em moeda criptográfica para fins comerciais, qualquer lucro ou perda será incluído no lucro total de sua empresa. Assim, ao fazer isso, sua posse em criptocracia é considerada como a posse de seu negócio. Portanto, você deve sempre relatar os resultados de seu investimento, por exemplo, na taxa de câmbio do bitcoin na conta de lucros e perdas.

Naturalmente, isto afeta sua administração como autônomo. Portanto, é sempre recomendável contratar um contador quando você deseja investir em criptografia para fins comerciais. Como o investimento empresarial é visto por muitos empresários como uma espécie de encargo, muitas vezes eles optam por investir dinheiro de forma privada. Nesse caso, você não precisa incluir nenhuma perda ou lucro em seu faturamento total e lucro. O que você tem que levar em conta são as autoridades fiscais. Os investimentos feitos privadamente são sempre tributados no Quadro 3 com um imposto sobre ganhos de capital de 0,6% a 1,6%. Portanto, você deve determinar você mesmo, ou em consulta com seu contador, qual a forma de investimento que melhor lhe convier.

**A situação na Rússia e na Ucrânia afeta o criptograma?**
Até agora, 2022 tem sido um ano movimentado, assim como 2021 e 2020. Não é surpreendente se você, como empresário, está se perguntando se deveria investir na taxa de bitcoin, na taxa de ondulação ou em qualquer outra taxa. Os últimos anos têm sido muito promissores para as várias moedas criptográficas. A Corona desempenhou um grande papel na subida repentina dos preços: primeiro, grandes investidores, empresas e empresários começaram a investir em criptocracia quando a economia entrou em colapso. Como resultado, os preços subiram repentinamente, o que por sua vez atraiu o interesse de pessoas "comuns" e de autônomos. Você adivinhou: eles também decidiram começar a investir em criptograma em massa.

Portanto, a crise da coroa fez muito bem para as moedas criptográficas. Agora que esta crise parece estar chegando ao fim, a próxima já está no horizonte: a possível guerra na Ucrânia. Se você possui atualmente moedas criptográficas, é provável que você já tenha visto os preços caírem um pouco nas últimas semanas. Os especialistas esperam que o preço do bitcoin caia ainda mais no caso de uma guerra real. Os preços de outros altcoins também sofreram uma queda nas últimas duas semanas. Isso significa que você não deveria investir em criptografia de forma alguma? Certamente que não. Como de costume, você só deve investir com dinheiro que você pode eventualmente economizar. Então o preço do bitcoin ou o preço da ondulação é uma aventura incrivelmente divertida e emocionante a ser seguida.

**O que é Bitcointrading?**

Simplificando, Bitcointrading envolve a troca de fiat money por esta moeda criptográfica. Plataformas digitais como a Era Bitcoins permitem às pessoas comprar Bitcoin com dinheiro convencional e vendê-lo mais tarde. Isto permite pesquisar e prever o preço da Bitcoin para determinar quando comprá-la ou vendê-la com fins lucrativos. Talvez você possa se inscrever nesta plataforma para começar a negociar a Bitcoin.

As empresas financeiras têm produtos de investimento baseados em Bitcoin, incluindo contratos por diferença, além de trocas criptográficas. Tais produtos permitem que você negocie Bitcoin sem possuir diretamente. Em geral, a comercialização de Bitcoin é uma atividade em desenvolvimento que as pessoas estão praticando para obter lucro. Eis porque você deve começar a comercializar a Bitcoin também este ano.

**Avaliação de Bitcoin**

A maioria dos fatores que afetam o valor do fiat money, tais como dívida do governo, taxas de juros e instabilidade política, não afetam o preço do Bitcoin. Enquanto esta moeda criptográfica flutua rapidamente, seu valor aumenta gradualmente. Além disso, a demanda por Bitcoin é alta devido a sua crescente aceitação e aplicação. Além disso, a tecnologia de cadeia de bloqueio regula o fornecimento de Bitcoin, e não os governos e bancos centrais.

Hoje, os mineiros estão produzindo novas fichas, e as pessoas estão trocando essas moedas criptográficas para obter lucro. Alguns investidores obtiveram mais de 100% de retorno sobre seus investimentos em Bitcoin. Além disso, a Bitcoin atingiu um valor recorde de mais de $60.000 por ficha. Tais detalhes devem incentivá-lo a começar a negociar esta moeda virtual hoje.

Alguns economistas previram que o valor do Bitcoin acabará por atingir a marca de US$ 1 milhão. Isso porque países como El Salvador fizeram da Bitcoin uma moeda com curso legal e mais empresas estão agora aceitando-a como meio de pagamento.

Alguns têm medo do Bitcoin porque os bancos e os governos poderiam controlar seu valor, mas outros estão aderindo. E como mais bancos centrais compram

Bitcoin como sua reserva monetária, seu valor irá disparar, tornando os proprietários de Bitcoin mais ricos.

**O Bitcoin é seguro.**

Bitcoin utiliza a tecnologia de cadeia de bloqueio para garantir as transações. Você pode querer começar a negociar esta moeda virtual hoje, pois ela usa uma rede peer-to-peer para permitir trocas anônimas. Idealmente, você não estará divulgando nenhuma informação pessoal quando vender serviços e itens ou pagar com a Bitcoin.

A transação não revela sua verdadeira identidade quando você vende ou compra Bitcoin. Além disso, as transações Bitcoin são mais baratas e quase instantâneas. Ninguém fora do comércio tem acesso a detalhes tais como as partes envolvidas e os valores. Além disso, a cadeia de bloqueio Bitcoin impede a falsificação de moedas criptográficas e a duplicação de gastos.

# Luna (Terra) foi encerrada?

Há novamente alguns desenvolvimentos importantes a relatar em relação ao Terra (LUNA), a moeda criptográfica que entrou completamente em colapso. Por exemplo, algumas trocas tiraram o altcoin de sua plataforma e a rede fez uma pausa.

**Terra puxa o plugue na cadeia de bloqueios**
Esta manhã cedo, foi noticiado que o Terra congelou sua cadeia de bloqueio. Esta é a segunda vez que isto acontece no último dia. Os validadores da rede puxaram o plugue da cadeia de bloqueio no nível de bloco 7.607.789 com o objetivo de desenvolver um plano de como proceder.

Como resultado, nenhum criptograma pode mais ser enviado através da rede. Por quanto tempo este será o caso, não está claro. Entretanto, é um cenário irritante para as pessoas que atualmente ainda têm a LUNA. Afinal, elas não têm mais como ir.

**Plataforma de negociação Crypto pausa LUNA trading**
A plataforma comercial holandesa Bitvavo decidiu interromper as negociações na LUNA. Como a rede está completamente em baixo, há pouca liquidez. Isso também significa que os usuários não podem atualmente retirar a LUNA de sua conta Bitvavo.

Entretanto, a troca está chegando com um plano de compensação, pois a situação atual significa que os usuários com a LUNA em sua conta podem ter "exposição indesejada" à moeda criptográfica. A compensação consiste no seguinte:

"Os usuários receberão o valor em EUR de sua LUNA no momento da pausa da LUNA-EUR 13-05-2022 8:20 AM (CET). Esses valores serão automaticamente adicionados à conta do usuário mais tarde (enquanto o usuário mantém sua LUNA) e serão visíveis no histórico de transações".

Assim, os usuários conseguem manter sua LUNA e podem retirá-la uma vez que a cadeia de bloqueio esteja funcionando novamente. Mas, como mencionado, não está claro quando isso acontecerá e se isso acontecerá.

**O Binance remove completamente a LUNA**
A Crypto Exchange Binance está indo um passo além e retirando os pares LUNA e UST de sua plataforma de negociação. A bolsa de valores anunciou esta manhã cedo.

# T verdade sobre o Terra

O preço da terra (LUNA) caiu 99% nos últimos dias para US$ 0,05, seu preço mais baixo desde o final de 2020. A LUNA ainda estava na quinta posição em termos de maiores moedas criptográficas na semana passada, mas está caindo para a posição 128 no momento em que foi escrito. A moeda estável UST que causou esta situação está atualmente 60% abaixo de seu valor.

Ainda assim, os criadores do Terra não querem desistir e estão chegando com um plano de resgate para a LUNA, bem como para a UST. O fundador do Terra, Do Kwon, CEO da Terraform Labs, revelou ontem a primeira medida.

Com a proposta comunitária 1164, a equipe quer salvar a UST aumentando o pool de base. A quantidade de UST que pode ser trocada pela LUNA será então quadruplicada. Isto garantirá que os proprietários de USTs ainda possam descontar, mas também colocará ainda mais pressão sobre o preço da LUNA. A proposta já recebeu 62,6% dos votos a favor.

**Novas medidas para a LUNA & UST**
Recentemente, a Terraform Labs revelou ainda mais medidas para salvar este criptograma. Primeiro, a equipe quer destruir os tokens UST restantes no pool comunitário do Terraform Labs. Isto envolverá a destruição de um bilhão de USTs nesta queima de fichas. Normalmente, este pote valeria US$ 1 bilhão,

mas no momento em que for redigido, ele valerá apenas US$ 400 milhões.

Além disso, a equipe vai recuperar 371 milhões de UST armazenados (embalados) no Ethereum (ETH) de volta ao Terra para posterior destruição também. Isso significa que um total de quase 1,4 bilhões de UST serão destruídos, cerca de 11% do fornecimento total.

Finalmente, a TerraForm Labs vai amarrar 240 milhões de fichas LUNA para proteger a rede Terra. Como a taxa de câmbio caiu tanto, as chances de alguém poder comprar uma quantidade enorme de LUNA para realizar um chamado ataque de 51% aumentam. Esta pessoa poderia então assumir temporariamente a rede, mas a LUNA amarrada deveria impedir que isso acontecesse.

Há uma resposta muito céptica às propostas, mas então o medo está bem estabelecido. Na verdade, o pânico é tão grande que outras moedas estáveis estão atualmente se tornando ligeiramente instáveis. Por exemplo, as pessoas estão vendendo USDT em troca de USDC.

# SEC investigando o Terra?

Não é inconcebível que a U.S. Securities & Exchange Commission (SEC) não esteja satisfeita com a saga que envolve o Terra (LUNA) e a estável UST. De fato, dois ex-advogados da SEC informaram à The Block Research que a SEC provavelmente já lançou uma investigação no Terraform Labs nesse ínterim.

## A SEC investiga a LUNA

Philip Moutakis, ex-advogado da agência reguladora americana, revelou hoje que assume que a SEC já iniciou uma investigação nos Laboratórios Terraform. Segundo ele, é óbvio que a SEC não tem estado ociosa nos últimos dias, especialmente desde que a SEC já iniciou uma investigação sobre o Protocolo Mirror.

O fundador da Terraform Labs, Do Kwon, também foi o homem por trás deste Protocolo de Espelho.

"A SEC já está no terreno, eles estão investigando o Protocolo de Espelho", disse Kwon.

Entretanto, um porta-voz da SEC recusou-se a comentar uma possível investigação sobre os Laboratórios Terraform e a UST. Segundo ele, a SEC não pode dizer se uma investigação está em andamento, mas também não pode dizer que não está. Não é claro, em outras palavras.

## Regulamentação de moedas estáveis

Há muito tempo as moedas estáveis têm sido um espinho no lado dos reguladores em todo o mundo e a SEC não é diferente. No ano passado, o presidente da SEC, Gary Gensler, chamou as "stablecoins" de "fichas de pôquer". Uma estrutura regulatória para as stablecoins está em funcionamento há algum tempo e talvez o fim da UST venha a acelerar o processo.

Kwon, em 21 de abril deste ano, comentou sobre o fato de que, de acordo com a SEC stablecoins poderia possivelmente ser visto como títulos. De acordo com ele, esta noção é um completo absurdo. Philip Moutakis, no entanto, argumenta que não é tão simples quanto isso:

"Mesmo que haja uma questão de se a UST é um título", continuou Moustakis, "Mesmo que o stablecoin, como projetado, possa ter escapado da aplicação das leis federais de títulos, as transações subseqüentes podem trazer o stablecoin de volta sob a jurisdição da SEC".

# Problemas com o Stablecoin?

Os últimos dias foram dominados pelo colapso completo do Terra (LUNA) e sua associada UST de estancamento. A UST perdeu a estaca com o dólar americano e como resultado, o preço da LUNA caiu mais de 99%. Imediatamente, as pessoas começaram a se preocupar com outras moedas do estábulo. Para o choque de muitos investidores de crypto, o valor do Tether (USDT) também estava abaixo de US$1 hoje.

**Cabo abaixo de $1**
O colapso da LUNA e da UST teve um grande impacto sobre o mercado de criptografia. Ontem foi um dia vermelho-fogo e a maioria das moedas criptográficas caiu por dois dígitos. Mesmo o bitcoin (BTC) não conseguiu segurar e caiu abaixo de 29.000 dólares. Um desastre semelhante para o maior estábulo de longe, o Tether, poderia jogar um pouco de óleo no fogo.

No momento de escrever, Tether está negociando na maioria das principais bolsas, como Binance, por menos de US$1. Embora os investidores criptográficos obviamente não estejam esperando por isso depois de ontem, é muito cedo para dizer que realmente está acontecendo alguma coisa. Na verdade, a Tether está agora negociando por cerca de US$ 0,98, com um fundo de US$ 0,956 no FTX. Isso não é $1, é claro, mas ainda não se pode dizer que a Tether perdeu substancialmente a ligação com o dólar norte-americano.

"Tudo está procedendo normalmente"
O CTO do Tether, Paolo Ardoino, revelou no Twitter a razão do valor atual do Tether. De acordo com ele, nada está errado e Tether está simplesmente processando "resgates USDT". Portanto, se quisermos acreditar em Ardoino, o pânico em torno de Tether nada mais é do que medo, incerteza e dúvida (FUD).

Ardoino também informou à The Block Research que não há nada acontecendo no momento que os investidores devam se preocupar:

"O Tether continua a processar resgates normalmente em meio a algum pânico esperado do mercado após o mercado de ontem. Apesar disso, a Tether não tem e não recusará resgates a seus clientes verificados, o que sempre foi sua prática. Somente nas últimas 24 horas, a Tether honrou mais de 300 milhões de USDt de resgates e já está processando outros 1 bilhão até hoje sem nenhum problema".

# Moedas estáveis contra a UE?

Se você olhar para o que está disponível no mundo das moedas criptográficas em termos de moedas estáveis, não é muito. Além de algumas moedas de estábulo que copiam o valor de, digamos, ouro ou prata, quase só existem moedas de estábulo no dólar americano. Se você estiver lendo isto, provavelmente prefere usar o euro, mas é difícil conseguir moedas de dólar estáveis. A Comissão Européia está dando agora a impressão de que isto vai continuar.

**A resposta é NÃO a grandes moedas de dólar estáveis**
É o que a CoinDesk escreve, afirmando ter visto um relatório sobre a regulamentação das moedas de aço estáveis. A pesquisa vem da Comissão Européia, mas ainda não foi publicada. Trata-se do chamado "non-paper", que não representa a posição oficial da comissão. Com isto, ela supostamente tenta promover a discussão, o que deveria resultar em uma melhor regulamentação. A CoinDesk falou com duas pessoas que confirmaram o conteúdo do relatório.

As moedas euro-estáveis, que não são originárias do Banco Central Europeu (BCE), não estão sendo banidas de forma absoluta, de acordo com a CoinDesk. Ao invés disso, a comissão visa limitar os emissores de moedas estáveis a um máximo de 1 milhão de transações por dia. O jornal criptográfico implica que o valor de mercado não deve ainda exceder 200 milhões de euros.

**A razão por trás da decisão**

Naturalmente, o relatório poderia ter como objetivo não apenas o estímulo de discussões. Também poderia ser que o comitê esteja indicando com isto que não quer grandes moedas estáveis. Os Estados Unidos parecem permitir, por enquanto, estas bobinas de estábulo. Atualmente, o tether (USDT) ainda é a maior moeda estável com um valor de mercado de cerca de 82 bilhões de dólares. Isto é muito mais que um limite teórico de 200 milhões de euros.

Uma variante em dólares tão grande significaria perder a face para o BCE. O BCE, naturalmente, emite os dólares e quer estar no controle dos próprios dólares. Mesmo que uma moeda estável tenha garantia com a mesma quantia de euros, isto poderia reduzir a influência do BCE.

A Europa está planejando implementar em breve a regulamentação "Markets in Crypto Assets Regulation" (MiCA). O fiasco com a TerraUSD (UST) e a terra (LUNA) pode potencialmente acrescentar pressão a este processo. O fiasco indica por que alguns reguladores querem regular as moedas estáveis. Há também discussões em andamento sobre a regulamentação de serviços baseados em criptografia como produtos bancários.

# Dogecoin ou Ethereum, o que está acontecendo?

De acordo com uma pesquisa recente da TRG Datacenters, Ethereum (ETH) é a moeda criptográfica "mais odiada" no Twitter. O Dogecoin (DOGE), por outro lado, é o criptograma mais apreciado na plataforma de mídia social.

A TRG Datacenters analisou posts no Twitter entre janeiro de 2021 e janeiro de 2022 para descobrir qual o criptograma que suscitou as respostas mais emotivas. No entanto, o estudo só deu uma olhada em cinco criptogramas: bitcoin (BTC), ethereum (ETH), litecoin (LTC), cardano (ADA) e dogecoin (DOGE).

**Etéreo, o crípto mais odiado**
Os resultados da pesquisa mostram que o etéreo recebeu relativamente os Tweets mais negativos no ano passado, ou seja, 29% do total. O Ethereum é especialmente criticado por sua velocidade (em comparação com os mais recentes "Ethereum killers") e pelos altos custos de transação.

Um aumento da negatividade do Ethereum é geralmente acompanhado por um aumento em seu preço. Segundo o estudo, isto significa que algumas pessoas não querem que o Ethereum seja um sucesso. Além disso, um garfo duro não intencional no ano passado levou a um aumento do sentimento negativo.

O Bitcoin ficou logo atrás com o sentimento mais negativo, respondendo por 27% de todos os tweets. O Bitcoin ainda era de longe o criptograma mais discutido no Twitter. Em seguida, segue Cardano com 16% dos tweets sendo negativos e Litecoin com 8%.

**Dogecoin mais gostou do criptograma**

O Dogecoin recebeu apenas 6% de relatórios negativos, tornando-o o criptograma mais apreciado, embora isso seja um pouco curioso. Afinal de contas, DOGE é um cripto controverso que uma vez se originou como uma piada. Grande parte da comunidade de criptográficos não ficou nada satisfeita quando o CEO da Tesla, Elon Musk, tweeted principalmente sobre este cripto.

De acordo com o estudo, os postos de almíscar podem ser precisamente o motivo pelo qual o dogecoin é o favorito na plataforma de mídia social. Musk, por sua vez, quer adquirir o Twitter por um total de 44 bilhões de dólares. O pico do sentimento positivo em relação ao dogecoin foi alcançado quando Musk anunciou que Tesla está aceitando o DOGE por mercadoria.

Ainda assim, devemos fazer esta pesquisa com um grande grão de sal, uma vez que ela só contemplava cinco criptogramas. Há uma boa chance de que os criptogramas mais controversos, como a ondulação (XRP), também estejam recebendo muitos sentimentos negativos. A partir de uma nova pesquisa, a terra (LUNA) provavelmente assumiria atualmente o lugar cimeiro como o cripto mais odiado.

# Por que a USDT está falhando?

Os últimos dias foram dominados pelo colapso completo do Terra (LUNA) e sua associada UST de estancamento. A UST perdeu a estaca com o dólar americano e como resultado, o preço da LUNA caiu mais de 99%. Imediatamente, as pessoas começaram a se preocupar com outras moedas de estábulo. Para o choque de muitos investidores de crypto, o valor do Tether (USDT) também estava abaixo de US$1 hoje.

**Cabo abaixo de $1**
O colapso da LUNA e da UST teve um grande impacto sobre o mercado de criptografia. Ontem foi um dia vermelho-fogo e a maioria das moedas criptográficas caiu por dois dígitos. Mesmo o bitcoin (BTC) não conseguiu segurar e caiu abaixo de 29.000 dólares. Um desastre semelhante para o maior estábulo de longe, o Tether, poderia jogar um pouco de óleo no fogo.

No momento de escrever, Tether está negociando na maioria das principais bolsas, como Binance, por menos de US$1. Embora os investidores criptográficos obviamente não estejam esperando por isso depois de ontem, é muito cedo para dizer que realmente está acontecendo alguma coisa. Na verdade, a Tether está agora negociando por cerca de US$ 0,98, com um fundo de US$ 0,956 no FTX. Isso não é $1, é claro, mas ainda não se pode dizer que a Tether perdeu substancialmente a ligação com o dólar norte-americano.

**"Tudo está procedendo normalmente"**
O CTO do Tether, Paolo Ardoino, revelou no Twitter a razão do valor atual do Tether. De acordo com ele, nada está errado e Tether está simplesmente processando "resgates USDT". Portanto, se quisermos acreditar em Ardoino, o pânico em torno de Tether nada mais é do que medo, incerteza e dúvida (FUD).

Ardoino também informou à The Block Research que não há nada acontecendo no momento que os investidores devam se preocupar:

"O Tether continua a processar resgates normalmente em meio a algum pânico esperado do mercado após o mercado de ontem. Apesar disso, a Tether não tem e não recusará resgates a seus clientes verificados, o que sempre foi sua prática. Somente nas últimas 24 horas, a Tether honrou mais de 300 milhões de USDt de resgates e já está processando outros 1 bilhão até hoje sem nenhum problema".

# Todo o mercado criptográfico está caindo

Já era um grande banho de sangue no mercado de moedas criptográficas, mas aparentemente não foi o pior de tudo. Os preços do criptograma estão dando outro grande mergulho e os altcoins estão caindo muito mais que o bitcoin (BTC) desta vez. Este período é um dos mais profundos vermelhos em muito tempo e a capitalização total do mercado de todos os criptogramas caiu 14% para $1,23 trilhão.

**O etéreo cai 20%**
O Ethereum (ETH) pareceu recuperar brevemente para $2.400 ontem de manhã, mas depois mergulhou junto com o bitcoin após o lançamento do índice de preços ao consumidor nos EUA. O éter caiu para US$ 1.775 hoje, mesmo abaixo da queda do verão passado. Ainda assim, a ETH fez um pequeno salto de volta para $1.900, mas ainda está abaixo dos 20% de hoje.

**TRON se aguenta um pouco melhor**
A lista dos 10 maiores altcoins (excluindo os stablecoins) está hoje um pouco diferente pela primeira vez em meses. O Tron (TRX) volta a fazer parte desta lista e se manteve o melhor durante as últimas 24 horas. Ainda assim, o preço do TRX está 6% abaixo e agora está em US$ 0,7.

BNB, XRP, DOT, DOGE, DOGE, AVAX despencam bruscamente
A moeda de binância (BNB) faz um pequeno ricochete em direção a $250, mas ainda hoje está 19% abaixo. O

Ripple (XRP) já caiu 27% para $0,37. O Polkadot (DOT) está 25% abaixo de $8 e atualmente está girando a $8. O Dogecoin (DOGE) está 28% abaixo de $0,076 e está fechando a $0,076. Avalanche (AVAX) está em 26,5% no negativo e brincando a $28.

**SOL, ADA, SHIB caem mais de 30%**
A Solana (SOL) caiu 31% e está em 43,8 dólares. Cardano (ADA) já está com 32% no vermelho e cai para $0,44. Shiba inu (SHIB) está até 31% no negativo e cai para $0,00001 com o qual agora tem uma capitalização de mercado menor do que o tron.

**Crypto top 100 maiores perdas**
Também aave (AAVE), waves (WAVES), neo (NEO), enjin (ENJ), dash (DASH), pancakeswap (CAKE), e near (NEAR) estão todos abaixo de cerca de 30% hoje. Para computador de internet (ICP), descentralizado (MANA) e cadeia de tórax (RUNE), o número é de 31%. Arweave (AR), zilliqa (ZIL) e polígono (MATIC) caíram cerca de 32%. O combustível Theta (TFUEL) e o financiamento convexo (CVX) caíram 37%. Stepn (GMT) caiu 38%, o gráfico (GRT) caiu 41% e o fantom (FTM) caiu 43%. O eCash caiu 48%.

É outro período muito vermelho no mercado de moedas criptográficas e bitcoin (BTC) continua a cair como cai. O preço já estava em uma tendência de queda devido a altos temores nos mercados financeiros tradicionais, mas o incidente da terra (LUNA) está causando golpes ainda mais pesados.

**O preço do bitcoin cai 10%**

O preço do bitcoin ainda estava se aproximando dos $40.0000 há uma semana, logo após a reunião do FOMC. Na manhã de ontem, o bitcoin havia caído para 30.000 dólares, mas parecia estar se mantendo no início. O bitcoin então se recuperou em torno de 32.000 dólares, mas não conseguiu romper esta tarde de ontem.

Em seguida, foram publicados os números do Índice de Preços ao Consumidor Americano (IPC). Já advertimos no início da semana que a publicação destes números poderia causar maior volatilidade. O bitcoin então caiu abalxo de 30.000 dólares pela primeira vez desde o verão passado.

Ainda assim, o bitcoin imediatamente fez um pequeno ressalto e se recuperou ligeiramente, mas o preço não passou de US$ 31.650 e começou a cair novamente. À meia-noite, o bitcoin encontrou brevemente apoio em torno de $29.000 e se recuperou um pouco, mas isso também foi de curta duração.

O bitcoin então despencou ainda mais e esta manhã caiu ainda abaixo de $27.000 para um mínimo de $26.600. Esse é o preço mais baixo do BTC desde o final de 2020. O Bitcoin está fazendo um salto para $28.000 no KuCoin e $26.550 no Bitvavo no momento em que foi escrito. Portanto, a Bitcoin ainda está 10% abaixo hoje e 30% abaixo de uma semana atrás.

BTC pânico, liquidação, capitulação e desconexão

Isto significa que somente os investidores que compraram seu BTC há mais de dois anos ainda estão lucrando.

O nível de $27.000 foi visto como um possível fundo desta tendência de queda. Fora do patamar de $26.600, este limite ainda se mantém até agora. Se o bitcoin pode fazer uma inversão de tendência agora, no entanto, é altamente incerto. O medo e o pânico permanecem altos e talvez tenhamos que contar com uma queda adicional para o próximo limite, em torno de US$ 24.000. Também já existem analistas que até agora temem um mergulho para $20.000.

Na segunda-feira, 9 de maio,[th] , o preço da moeda estável UST do Terra entrou em colapso. O TerraUSD (UST) não consegue manter sua "peg" (ligação) com o dólar americano. As reservas cambiais do Terra não eram mais suficientes para manter seu valor igual ao dólar. Janet Yellen, a Secretária do Tesouro dos EUA, aproveitou a situação imediatamente.

Regulamentação do Stablecoin agora mais importante do que nunca
O US Financial Stability Oversight Council (FSOC) realizou uma conferência de imprensa onde Yellen falou ao lado de Jerome Powell (Reserva Federal) e Gary Gensler (SEC). Ela aproveitou a oportunidade para dar aos cofres estáveis os polegares para cima. De acordo com Yellen, as moedas do estábulo precisam ser reguladas rapidamente. Ela vê a falta de

regulamentação sobre as moedas estáveis como uma ameaça para o sistema financeiro.

O ministro acha que seria "muito apropriado" poder começar a regular as moedas estáveis até o final deste ano. Ela quer um marco regulatório para as bobinas estáveis devido à queda maciça do UST. A conferência de imprensa também fala sobre como as moedas estáveis poderiam ser reguladas da mesma forma que os fundos do mercado monetário e os depósitos bancários. Estes estão sujeitos às exigências de garantias e liquidez. Além disso, há limites para a retirada e depósito de dinheiro em fundos do mercado monetário e contas bancárias. Isto pode evitar que a mudança maciça de moedas exerça muita pressão sobre o sistema financeiro. Tais medidas estão agora ausentes nos Estados Unidos em relação às moedas estáveis.

Além de Yellen, políticos como o senador Pat Toomey, que geralmente é muito positivo sobre as moedas criptográficas e defende o pequeno investidor, também falou.

**Fiasco financeiro com a TerraUSD (UST)**
A coletiva de imprensa veio logo após a queda da camada estável TerraUSD (UST). Hoje, a ficha caiu ainda mais em relação ao dólar comum. No momento da redação, o preço está caindo para pouco menos de 30 centavos.

Ao contrário, por exemplo, do USDC stablecoin, que utiliza reservas em dólares em bancos americanos, o UST se baseia em algoritmos que monitoram a estabilidade. No início deste mês, a organização por trás do stablecoin colocou o bitcoin (BTC) em seu balanço patrimonial como garantia. Isto agora caiu tanto em valor que o valor do UST não poderia mais ser garantido.

# Bitcoin ETF começa na Austrália?

Em abril de 2022, os entusiastas do criptograma da Austrália receberam notícias positivas do bitcoin. De fato, o regulador financeiro do país havia então aprovado seu primeiro fundo de intercâmbio de bitcoin (ETF). Os ETFs são fundos negociados em bolsa. Uma primeira ETF de bitcoin na Austrália já era esperada há algum tempo e, além disso, aguardada com ansiedade. A partir de hoje, três ETFs criptográficas são negociáveis, mas isto teve um início extremamente lento. Isto tem tudo a ver com o crash criptográfico em que estamos no meio.

O volume comercial está muito abaixo dos US$ 1 bilhão inicialmente previstos. Isto tem uma conexão direta com o fato de que o bitcoin está em seu ponto mais baixo desde 2020. A extrema volatilidade agora está fazendo com que os investidores não estejam tão interessados em um ETF de bitcoin como se esperava no mês passado.

**ETFs de bitcoin na Austrália.**
Os três fundos criptográficos que entraram em funcionamento na Austrália hoje são o 21Shares bitcoin (BTC) ETF, seu Ethereum (ETH) ETF e o Cosmos Purpose bitcoin ETF. A Cosmos ETF viu o volume de negociação de 400.000 dólares convertidos na primeira hora. A ETF de 21 ações de bitcoin pode colocar números similares. A ETF ethereum não ultrapassou $150.000 no mesmo período de tempo. Portanto, números escassos, que não correspondem às expectativas iniciais.

O CEO da Cosmos Asset Management, Dan Annan, também entende e vê que os investidores são bastante cautelosos no momento. Ainda assim, Annan está esperançoso quanto ao longo prazo:

"Os investidores com uma visão de longo prazo em termos de exposição ao Bitcoin e à moeda criptográfica entenderão que esta é uma boa oportunidade para um ponto de entrada. Portanto, esperamos ver um aumento nos volumes nos próximos dias".

Para tornar a negociação um pouco mais atraente e na esperança de aumentar os volumes, a Cosmos decidiu não cobrar uma taxa de negociação durante os dois primeiros meses. A propósito, esta decisão também se deve em parte à ligeira frustração dos investidores. Afinal, o bitcoin ETF deveria ter entrado em operação há duas semanas, mas isso foi inesperadamente adiado.

# Bitcoin protegido por lei na China?

No ano passado, o governo chinês decidiu proibir o comércio de moedas criptográficas, como o bitcoin (BTC), naturalmente, para cidadãos comuns. As conseqüências para a indústria criptográfica foram grandes e a maioria das empresas criptográficas deixaram o país. Recentemente, no entanto, algo notável aconteceu. Nomeadamente, o Tribunal Superior de Xangai decidiu que o bitcoin tem valor econômico e, portanto, é protegido por lei.

**Bitcoin na China**
Isto ficou conhecido depois que o tribunal compartilhou uma nota sobre a popular plataforma de bate-papo WeChat, relata Bitcoin.com. Esta é a primeira vez que um tribunal na China decide sobre o bitcoin desde que a proibição foi introduzida pelo governo chinês, há um ano. Esta proibição foi introduzida na época com o objetivo de supostamente garantir a estabilidade financeira da China. A decisão do tribunal é a seguinte:

"Na prática atual do julgamento, o Tribunal Popular formou uma opinião unânime sobre o status legal do bitcoin, identificando-o como propriedade virtual [...] O bitcoin tem um certo valor econômico e de acordo com as propriedades da propriedade, a regra legal do direito de propriedade é aplicada para proteção".

**Implicações para a proibição**
Agora, é claro, permanece a questão de como o governo e a indústria criptográfica reagirão a esta

monumental decisão. De acordo com um advogado de Pequim, Liu Yang, poderia ser apenas que esta decisão será citada em casos futuros envolvendo bitcoin e outros criptogramas na região de Xangai.

Portanto, embora certamente não haja fim à vista para a proibição do bitcoin na China, isto mostra que possivelmente a proibição controversa está violando a lei chinesa.

De fato, na essência, a decisão afirma que o bitcoin não deveria ter sido banido completamente. Afinal, ela é protegida por lei. Resta saber se o governo chinês se preocupa com isso. Além disso, até os tribunais superiores podem revogar esta decisão do tribunal de Xangai.

# Cripto fraudador condenado à prisão

O Departamento de Justiça dos Estados Unidos (DOJ) anunciou recentemente que Jeremy Spence, comerciante de moedas criptográficas de 25 anos, foi preso por enganar mais de 170 pessoas. Spence recebeu uma pena de prisão de 42 meses por isso. Spence tinha iniciado um fundo criptográfico e disse a seus investidores que o fundo tinha tido um alto lucro, mas este não foi o caso de modo algum.

Spence administrou as contas de mídia social do fundo de investimento, chamado Coin Signals. Ele teve que comparecer perante um juiz do estado de Nova York e confessar sua culpa. Spence recebeu adicionalmente três anos de libertação sob toezcith e deve pagar danos de mais de $2,8 milhões de dólares às suas vítimas.

**Esquema de pirâmide de moedas criptográficas**
Spence havia iniciado o fundo com o objetivo de obter lucro para seus investidores. No entanto, isto não correu inteiramente de acordo com o planejado e seu fundo só teve prejuízos. Numa tentativa de esconder essas perdas de seus investidores, Spence criou contas falsas. Com a renda dos novos investidores, ele pagou aos antigos investidores. Isto fez com que este fundo se parecesse um pouco com um esquema em pirâmide. Cerca de 2 milhões de dólares de criptográficos foram movimentados desta forma.

Por exemplo, o gestor do fundo de 25 anos de idade declarou no grupo de bate-papo on-line do fundo que o

fundo havia obtido 148% de lucro, embora na realidade
este não tenha sido o caso.

**Preso pelo FBI**
O golpista acabou sendo capturado em janeiro de 2021
pelo Federal Bureau of Investigation (FBI). Também
foram apresentadas acusações civis pela Commodity
Futures Trading Commission (CFTC).

Spence se declarou culpado em novembro de 2021 e foi
considerado culpado de fraude de commodities por
roubar US$ 5 milhões de investidores criptográficos
involuntários de novembro de 2017 a abril de 2019. Ao
fazer isso, ele fez falsas promessas sobre a obtenção de
lucro quando estava realmente obtendo um prejuízo.

No entanto, no tribunal, ele expressou pesar por suas
ações e pediu desculpas. Ele disse que "veio a um
mundo para o qual [ele] estava totalmente
despreparado".

O ApeCoin é a moeda criptográfica associada ao
ecossistema do Bored Ape Yacht Club, entre outros. O
ApeCoin se enquadra na categoria de memecoins, e
estes geralmente exibem mais volatilidade do que o
resto do mercado.

# O ApeCoin (APE) se recupera

## O declínio antes da recuperação

Especialmente quando comparado a moedas maiores como bitcoin e éter. Esta semana foi uma semana volátil para a APE, pois em 11 de maio perdeu 81% de seu valor em um curto período de tempo. O preço do ApeCoin caiu de cerca de US$ 11 para US$ 5 naquele dia.

Entretanto, desde então o preço se recuperou bastante e o ApeCoin está negociando em torno de US$ 9, o que é uma recuperação impressionante, mas não é realmente esperançoso que o projeto possa render mais de 80% de seu valor em um único dia.

## O impressionante ressalto do ApeCoin

Em 12 de maio, o ApeCoin já se recuperou em quase 45%, para $7,30, e o otimismo voltou cautelosamente para a comunidade. Enquanto isso, a restauração da confiança estará completa com a recuperação para $9. No entanto, isto ainda deixa o ApeCoin longe do recorde histórico de $27,50 que atingiu em 28 de abril deste ano.

O movimento em ziguezague do preço do ApeCoin parecia seguir amplamente o resto do mercado. Como resultado do colapso da UST e do ecossistema Terra, a confiança no mercado sofreu um grande golpe. Isso causou um tremendo caos no mercado e o ApeCoin também não pôde escapar desse sentimento. Além disso, a Reserva Federal dos EUA, o principal banco central do mundo, ainda é bastante aguerrida.

Hawkish significa que eles estão procurando maneiras de domar a inflação e planejam aumentar as taxas de juros, entre outras coisas. Na última reunião do FOMC, o Presidente Jerome Powell anunciou sua intenção de aumentar novamente as taxas de juros em 0,5%, pelo menos para as duas próximas reuniões. Não é uma certeza, entretanto, porque Powell indica que quer ser capaz de reagir dinamicamente a qualquer mudança de circunstâncias.

### 9,63 dólares possível maior resistência

No momento, o clima está brevemente a favor do ecossistema do ApeCoin e o preço do ApeCoin tem o vento em suas velas. No entanto, há uma resistência importante a $9,63 0as que é onde se encontra a linha 0,618 Fibonacci. Por volta desse ponto, o preço também falhou hoje cedo. Há uma chance de que o preço continue a avançar em direção a esse preço e encontre resistência nesse ponto.

Se o ApeCoin romper, o caminho para um preço mais alto está aberto. No entanto, tudo depende do resto do mercado. Na verdade, como para muitos outros altcoins, o preço do ApeCoin mostra uma alta correlação com o preço do bitcoin. Se o bitcoin estiver lutando, então há poucas chances de que moedas como o ApeCoin possam passar pelo telhado. O bitcoin, por sua vez, depende do ambiente macroeconômico imprevisível em que nos encontramos atualmente. A probabilidade de novos aumentos das taxas de juros, alta inflação e turbulência geopolítica geralmente não são bons para investimentos.

A lenda do investimento Warren Buffet, que agora está bem dentro de seus noventa anos e conhecido como um grande oponente do bitcoin, tem um investimento indireto de bitcoin em seu nome. Isto porque a Berkshire Hathaway, empresa de investimento da Buffet, tem uma grande posição no Nubank do Brasil, que decidiu investir 1% de suas reservas em bitcoin.

Resta ver como Buffet está feliz com esta notícia, como ele uma vez chamou de veneno de rato bitcoin ao quadrado. Em 2021, Berkshire Hathaway investiu $1 bilhão (950 milhões de euros) em Nubank. Com isso, o Buffet agora possui indiretamente o bitcoin. No entanto, não pode ser uma grande surpresa para o Buffet e os amigos, pois o Nubank é conhecido como um banco amigo do bitcoin.

**A declaração do Nubank**
Nubank diz que isto é para reforçar a crença da empresa no potencial atual e futuro do bitcoin. O banco brasileiro está usando o serviço da Paxos para oferecer aos clientes a oportunidade de comprar bitcoin. Como resultado, os clientes do Nubank não podem enviar suas bitcoin da plataforma para sua própria carteira.

No entanto, o banco planeja acrescentar essa opção no futuro. Atualmente, esta opção ainda está em fase de testes, com alguns poucos por cento dos clientes do banco já tendo essa opção. O Nubank espera adicionar a opção de enviar bitcoin a uma carteira privada para todos os clientes nos próximos meses. Portanto, até lá, a maioria dos clientes do Nubank são forçados a manter sua bitcoin dentro do Nubank.

## Bitcoin é o mais forte

A razão pela qual o Nubank escolheu o bitcoin como ativo de reserva em seu balanço é a participação de mercado do bitcoin. A maior moeda criptográfica ainda detém 40% do mercado e, portanto, é vista como a opção mais segura que a criptocracia tem a oferecer. Com o investimento, o Nubank procura se estabelecer definitivamente como um banco amigo do bitcoin. Além de comprar bitcoin através de sua plataforma normal de negociação, os clientes também podem investir no ETF brasileiro de bitcoin.

## Momento doloroso para Warren Buffet?

Resta saber até que ponto Warren Buffet sabia sobre esses planos. Afinal, não faz muito tempo que o experiente e bem sucedido investidor ainda gritava que não compraria todo o bitcoin do mundo por 25 dólares e que o bitcoin não tem valor. Um grande investimento da Berkshire Hathaway claramente não compartilha essa opinião com a Buffet e em vez disso aposta cada vez mais em bitcoin.

As ações do Nubank estão à venda na Bolsa de Nova Iorque, entre outras, e o mercado parece pelo menos satisfeito com o investimento do banco em bitcoin. Essa satisfação não será baseada no desempenho atual do preço das ações do bitcoin, que pode ser chamado de bastante dramático. Após o drama do Terra, o preço do bitcoin caiu de volta para pouco mais de 26.000 euros.

45

# Nova dificuldade para a mineração de bitcoin?

Os mineiros de bitcoin (BTC) provavelmente vão notar a queda do bitcoin em um futuro próximo. Na verdade, a dificuldade da rede foi ajustada ontem a um recorde. Em resumo, a mineração BTC nunca foi tão difícil, enquanto o preço despencou assim.

**Dificuldade de gravação de bitcoin**
Desde julho de 2021, o poder computacional da rede Bitcoin estava em uma óbvia tendência ascendente. A dificuldade computacional sofreu um grande golpe pouco antes disso, depois que a China impôs uma proibição à mineração. Mais e mais mineiros de outras partes do mundo se juntaram à rede depois que ficou claro que pode ser um negócio bastante lucrativo. E no ano passado, esta atração se deveu principalmente ao aumento do preço do bitcoin.

Para garantir que em média um bloco de transações seja adicionado à cadeia de bloqueio a cada 10 minutos, a rede se equilibra automaticamente usando o ajuste de dificuldade. Este ajuste ocorre a cada 2.016 blocos. Se o tempo médio do bloco durante este período for inferior a 10 minutos, a dificuldade é aumentada. Desta forma, o trabalho dos mineiros se torna mais difícil e os tempos de bloqueio devem retornar aos 10 minutos.

Após a constante tendência de aumento do poder de computação, que também atingiu um recorde no início

de maio, a dificuldade aumentou em 4,9% ontem.
Nunca foi tão difícil para os mineiros minerar bitcoins!

Os mineiros vão sentir dor após a queda do bitcoin
Embora isto indique que a rede também é
extremamente segura, é possível que os mineiros da
BTC passem por um período difícil. Com a queda do
preço do bitcoin, está se tornando cada vez menos
lucrativo para os mineiros.

É provável, portanto, que o haxixe comece a diminuir
no futuro próximo. Esta diminuição, naturalmente,
acabará facilitando a mineração de bitcoins, pois a
dificuldade também diminuirá.

# O futuro do bitcoin no Brasil

O Nubank, o maior banco do Brasil, anunciou em 11 de maio que dará a seus clientes a capacidade de negociar bitcoin (BTC) e ethereum (ETH). O banco indicou que os clientes poderão negociar nestas duas moedas criptográficas por um mínimo de 1 real brasileiro. Anteriormente, os clientes já podiam investir em moedas criptográficas neste banco, porém, só podiam fazê-lo por meio de fundos negociados em bolsa (ETFs).

Forte crescimento na popularidade do BTC e do ETH David Vélez, CEO e co-fundador do Nubank, disse que as moedas criptográficas têm crescido fortemente em popularidade. Além disso, ele indicou que as moedas criptográficas podem mudar o mundo.

O Nubank é o maior banco fintech da América Latina. Além disso, este banco funciona apenas como um banco on-line e oferece muitos produtos e serviços inovadores diferentes. O banco trabalha em diferentes empresas e entidades como a Sequoia Capital e Berkshire Hathaway investem no Nubank.

Os clientes não precisam criar uma conta especial, mas podem simplesmente usar sua conta corrente para comprar estas moedas criptográficas. Esta é uma grande vantagem, pois garante que estes usuários possam entrar no mercado mais facilmente.

As moedas criptográficas são muito populares na América Latina. Alguns países permitem mais em relação a este setor do que outros, entretanto, podemos ver claramente que cada vez mais bancos estão abraçando as moedas criptográficas.

**O bom timing do Nubank**
Alternativamente, esta decisão do banco pode ter chegado no momento errado. O preço do bitcoin tem se corrigido duramente nos últimos dias, chegando a tocar US$ 26.700 e o etéreo caiu para um fundo de US$ 1.700.

Atualmente não é um bom momento para o lançamento de produtos ou serviços relacionados a criptografia. Outro produto que aparecerá no mercado é a primeira ETF de bitcoin da Austrália. Esta ETF chegará ao mercado em 12 de maio.

# Impostos sobre BTC na Alemanha

O mercado criptográfico está sangrando, mas os desenvolvimentos em torno do setor continuam! Na Alemanha, agora ficou mais claro como as moedas criptográficas como bitcoin (BTC) e ethereum (ETH) são tratadas pelas autoridades fiscais. E é especialmente uma boa notícia de bitcoin para os alemães.

Os alemães não terão que pagar imposto sobre o bitcoin após 1 ano
O Ministério da Fazenda alemão publicou recentemente as primeiras diretrizes relativas à tributação das moedas criptográficas. Este é um documento de 24 páginas que aborda todos os tipos de questões relativas à criptografia.

Entre outras coisas, este documento mostra que as pessoas que investem em bitcoin, etéreo ou moedas criptográficas similares não têm que pagar impostos sobre elas após um ano. As bitcoins vendidas após um ano não estão, portanto, sujeitas ao imposto sobre o lucro.

A propósito, isto também se aplica à renda dos serviços de piquetagem e empréstimo criptográfico. A piquetagem é o ganho passivo de criptográfico em uma rede de prova de compra (PoS) como a Cardano (ADA). Anteriormente, falava-se que o prazo de um ano seria estendido para 10 anos quando um investidor usasse o criptograma dentro de um serviço de empréstimo ou para fazer greve, mas não é o caso, de acordo com a Secretária de Estado Parlamentar Katja Hessel:

"Para pessoas físicas, a venda de bitcoin e éter comprado é isenta de impostos após um ano. O prazo não é prorrogado para dez anos se, por exemplo, o bitcoin tiver sido usado anteriormente para empréstimos ou se o contribuinte tiver fornecido éter como uma participação a outra pessoa para criar seu bloco".

**Desenvolvimento positivo para criptográfico**
As novas diretrizes são positivas para a criptografia porque ainda há muita ambigüidade em torno do setor. A criptografia é nova e, portanto, ainda há muito a ser trabalhado. Portanto, Hessel afirma que este documento certamente não será o último:

"É claro que a próxima publicação oficial da carta do BMF não é o fim de nossa discussão sobre o assunto, mas um resultado provisório. O rápido desenvolvimento do 'mundo criptográfico' garante que não ficaremos sem tópicos. Uma carta adicional sobre as obrigações de cooperação e registro já está em andamento".

# Microstrategy e Bitcoin

A MicroStrategy liderada pelo CEO Michael Saylor é um dos maiores detentores de bitcoin (BTC) do mundo. A empresa tem muitos bilhões em bitcoin em seu balanço patrimonial e também é negociada na bolsa de valores dos EUA. Os investidores na MicroStrategy começaram a ficar um pouco preocupados após a queda acentuada dos preços do bitcoin. Segundo Saylor, no entanto, a empresa só estará realmente em apuros se o bitcoin cair até cerca de 3.000 dólares.

**Michael Saylors bitcoin empréstimos**
Especialmente as posições de bitcoin da MicroStrategy que foram compradas com um empréstimo poderiam estar em risco, ou assim pensaram os investidores. Como resultado, havia rumores de que a MicroStrategy seria liquidada se o bitcoin caísse para a marca de US$ 21.000, o que estaria longe de estar fora de questão hoje.

Isto é motivo de preocupação porque a subsidiária da empresa, MacroStrategy, contraiu um empréstimo de $205 milhões do Silvergate Bank em março de 2022, utilizando parte do bitcoin da MicroStrategy como garantia para a dívida. A MicroStrategy então usou os lucros para prosseguir com a estratégia BTC da empresa.

Se o preço do BTC ficasse muito baixo, isso desencadearia uma chamada de margem sobre o empréstimo Silvergate porque o valor da garantia cairia.

Este foi um ponto central na chamada de lucros da empresa em maio, onde o CFO da empresa, Phone Le, confirmou que a empresa teria que vender algum bitcoin se o preço do BTC caísse abaixo de $21.000.

**Preço inferior BTC de US$ 3.500**
Segundo Saylor, porém, não é tão simples assim. Na verdade, ele afirma que a MicroStrategy possui mais de 115.000 bitcoins que eles poderiam disponibilizar como garantia caso a bitcoin caísse para a marca de 21.000 dólares.

Somente quando a bitcoin cair completamente para 3.562 dólares é que a MicroStrategy terá realmente um problema e eles serão forçados a vender seus estoques de bitcoin. Felizmente, ainda é um longo caminho a percorrer e resta saber se este cenário é realista.

# KuCoin no valor de 10 bilhões de dólares depois de um investimento de 150 milhões de dólares

Mais profundamente na Web 3.0: Carteiras, DeFi, NFT & GameFi
A KuCoin planeja usar o novo capital para expandir ainda mais seus serviços e, em particular, ir mais fundo na Web 3.0. A troca investirá em carteiras criptográficas, finanças descentralizadas (DeFi), plataformas de fichas não fungíveis (NFT) e GameFi, entre outras. Esta última é uma combinação relativamente nova de jogos em cadeia de blocos e finanças.

A rodada de financiamento da Série B foi liderada pela Jump Crypto e contou com a participação de várias empresas de investimento, incluindo Circle Ventures, IDG Capital e Matrix Partners. Tak Fujishima, da Jump Crypto, disse o seguinte:

"A KuCoin oferece uma plataforma abrangente de serviços criptográficos para um público global, que é uma das muitas razões pelas quais nos orgulhamos de liderar esta rodada. Estamos entusiasmados em apoiar a empresa enquanto ela continua a crescer e expandir suas ofertas em futuros e comercialização de margens, empréstimos, greve e retornos passivos para apoiar o crescimento da Web 3.0 e dos mercados criptográficos".

Melhorando o desempenho e a segurança da KuCoin. Além disso, a KuCoin utilizará parte do novo investimento para melhorar o sistema comercial da bolsa. O comunicado à imprensa fala sobre uma melhoria de dez vezes o desempenho que permitirá à plataforma comercial atender melhor a seus 18 milhões de clientes. A KuCoin também planeja melhorar a segurança da plataforma de negociação.

"A confiança de investidores proeminentes, incluindo Jump Crypto e Circle Ventures, reforça nossa visão de que um dia todos estarão envolvidos com a criptografia". KuCoin foi construída para todas as classes de investidores, e acreditamos que estes novos investidores e parceiros ajudarão a tornar KuCoin sinônimo de uma porta de entrada segura para o mundo da criptografia".

Diz Johnny Lyu, CEO da KuCoin. KuCoin quer que o KCC, a cadeia de bloqueio público construída pela comunidade de KuCoin, seja uma parte central deste ecossistema descentralizado.

# Bitcoin faz uma forte recuperação

Bitcoin (BTC) e o mercado de moedas criptográficas em geral têm sido duramente atingidos nos últimos dias. Os preços já estavam em uma tendência descendente, mas o fiasco ao redor do terreno (LUNA) resultou em um mercado vermelho profundo.

Ainda assim, o bitcoin foi capaz de se recuperar nas últimas 24 horas. O mercado está reagindo com algum alívio e o sentimento está se tornando cautelosamente um pouco mais positivo. No entanto, o medo e a incerteza ainda são muito altos e o bitcoin ainda pode cair mais profundamente.

**O preço do bitcoin se recupera em 10%.**
O preço do bitcoin chegou à marca de 27.000 dólares ontem de manhã, dia 13 de maio. Apesar de o bitcoin ter dado outro salto para $26.600, e em algumas trocas até mesmo para $25.000, este limite em torno de $27.000 está se mantendo por enquanto.

O bitcoin então começou a subir. O preço encontrou pela primeira vez alguma resistência em torno de 28.000 dólares, mas foi capaz de rompê-lo na tarde de ontem. Os 29.000 dólares também ofereceram alguma resistência por um tempo, mas o bitcoin também conseguiu romper isso até ontem à noite.

Em seguida, o bitcoin foi rejeitado em torno de $29.800, mas o preço então se manteve firme acima de $28.000 e pôde subir novamente depois disso. O bitcoin atingiu um pico de 30.885 dólares esta manhã e no momento em que foi escrito está sendo negociado a 30.300 dólares no KuCoin e 29.000 euros no Bitvavo. Isto coloca o preço a um impressionante 10% mais hoje.

**Investidores de bitcoin tentam apontar para o fundo do poço**
É possível que o bitcoin tenha chegado ao fundo do poço em torno destes $27.000 e esteja agora iniciando uma recuperação. O volume está finalmente começando a aumentar nas últimas horas, o que pode indicar um retorno de confiança.

No entanto, isto está longe de ser certo. Para falar de uma inversão de tendência, o preço deve agora primeiro sair de uma brecha muito profunda. É possível que o bitcoin já encontre demasiada resistência em torno de 32.000 dólares e depois retome sua tendência de queda.

Então, talvez tenhamos que contar com um teste da marca de 24.000 dólares. É notável que os investidores estão atualmente tentando apontar exatamente para o fundo do poço. Se assim for, geralmente é praticamente impossível.

Se você está investindo a longo prazo e ainda tem total confiança no bitcoin, então também faz pouca diferença visar exatamente o fundo do poço. Se você tem menos confiança e/ou está negociando a curto prazo, então talvez seja prudente esperar por um sinal mais forte de uma inversão de tendência primeiro. "Não pegue uma faca em queda" é, portanto, um ditado bem conhecido dos investidores; os preços podem sempre cair mais profundamente.

Enquanto isso, o mercado de futuros finalmente esfriou, mas infelizmente foi acompanhado por um grande colapso. O interesse aberto está atualmente no seu ponto mais baixo em sete meses, um sinal claro da incerteza.

Apesar disso, grandes quantidades de tempo em Bitfinex estão atualmente sendo fechadas e isso pode indicar um retorno de confiança.

Se você tem acompanhado as notícias um pouco nos últimos anos, você sabe melhor do que ninguém que o interesse na Bitcoin disparou. Desde o início da crise da coroa, muitos têm feito um investimento em criptografia.

Grande crescimento no número de investidores devido à pandemia
Para ver se a criptografia é uma necessidade para 2022, é bom olhar primeiro para os anos anteriores. De fato, há uma razão clara para o interesse em Bitcoin e outros altcoins ter crescido em um curto período de tempo. A Corona fez com que todos nós reorganizássemos nossa vida cotidiana por um período de tempo. Um bloqueio ainda não estava terminado ou outro bloqueio já estava na porta. Do nada, as pessoas tinham que ficar muito tempo em casa, o que significava gastar menos dinheiro. Ao mesmo tempo, elas viram que as moedas criptográficas estavam indo muito bem; desde o início da pandemia, houve uma tendência ascendente.

Com dinheiro extra em sua conta, muitas pessoas decidiram dar o mergulho. Os preços continuaram subindo durante a pandemia e a cobertura jornalística sobre criptografia permaneceu positiva. O que também deve ser levado em conta, é o fato de que a taxa de poupança é atualmente muito baixa. Isto significa que você não receberá quase nada pelas economias que deixar no banco. De fato, em muitos casos há uma

59

chance maior de você ganhar mais com isso ao colocá-lo
em criptografia - desde que, é claro, você esteja ciente
de exatamente como a criptografia funciona. Todos
esses fatores combinados fornecem a base certa para
se dar uma olhada no mundo criptográfico.

O que você precisa saber sobre o investimento em
criptográfico
Muitos investidores novatos se perguntam se serão
capazes de ganhar uma boa quantia de dinheiro com
seus esforços em moeda criptográfica dentro de um
curto período de tempo. A resposta a isso é: geralmente
falando, não. Investir em criptocracia é mais rentável
quando se investe a longo prazo. Isto significa que a
compra de Bitcoin só deve ser feita com dinheiro que
pode ser perdido por algum tempo e que, portanto,
você não precisa imediatamente. De fato, a prática
passada tem mostrado que o valor da Bitcoin e de
outras moedas começou a subir ao longo dos anos. É
claro que pode acontecer que sua aposta de repente
valha muito um dia ou que seu valor tenha despencado.

É importante não agir com emoção em um momento
como este, mas manter uma estratégia clara que o
ajudará a ganhar dinheiro no longo prazo. O valor do
Bitcoin hoje é tão alto por uma razão; houve muitos
altos e baixos. Entretanto, o fato é que a Bitcoin uma
vez começou com um valor de US$ 0. Em 2010, duas
pizzas foram pagas até mesmo com 10.000 Bitcoin. Isso
é difícil de imaginar agora que uma Bitcoin ultrapassou
essa quantia várias vezes. Os especialistas esperam que
a Bitcoin e outros criptogramas se tornem a moeda do

futuro, por isso certamente não faz mal se preparar para ela agora.

**Cripto em 2022: para investir ou não investir?**
Portanto, é definitivamente recomendado começar a investir em moeda criptográfica em 2022, se você tiver dinheiro para fazê-lo e se seu interesse estiver ali. Vários comerciantes, corretores e profissionais da área de criptografia esperam que 2022 seja um ano interessante para os preços. Na verdade, já é; devido aos ataques da Rússia na Ucrânia, estamos vendo muitos altos e baixos no preço do Bitcoin. Nunca se sabe o que mais vai acontecer e como isso vai afetar as moedas criptográficas. Esse é o único "lado negativo" de investir nesse dinheiro virtual; é incrivelmente volátil.

Entretanto, se você levar isso em consideração quando começar a investir em criptografia, este ano é definitivamente um bom momento para começar. Nos últimos anos, o aumento dos preços tem provado muito. As chances são de que as coisas só vão melhorar no próximo período com as várias taxas de câmbio. Lembre-se de que um dia pode correr melhor que o outro e que você não deve investir com dinheiro que você precisa imediatamente. Só então investir em Bitcoin ou qualquer outra moeda criptográfica é divertido e emocionante e, o que é mais importante, lucrativo.

**Melhores moedas criptográficas 2022**

A moeda criptográfica número um do mundo, Bitcoin, não precisa de anúncio como uma opção de investimento. Mesmo para 2022, ela continua sendo a melhor moeda a ser comprada agora. Mas em que mais você pode investir em 2022? Stellar Lumens, XLM, também pode ser considerada uma boa moeda a ser comprada agora. A XLM pode ter tido um 2020 turbulento, mas agora está negociando perto de sua ATH. Além disso, há alguns grandes projetos planejados no horizonte.

Por exemplo, a própria Stellar Lumens investiu recentemente US$ 5 milhões na Wyre, um serviço líder de pagamento em cadeia de bloqueios. Este investimento proporcionará XLM, acesso aos pares de moedas. Além disso, a Stellar foi escolhida pelo Banco Central da Ucrânia para contribuir para o desenvolvimento de seu próprio CBDC, a moeda digital do banco central.

A segunda maior moeda criptográfica que definitivamente não devemos esquecer em 2022, o Ethereum. A ETH é especialmente importante para que os desenvolvedores desenvolvam e executem várias aplicações na plataforma Ethereum. O tamanho do mercado do Ethereum é cerca de 19% do do Bitcoin. Portanto, o Ethereum certamente também pode ser chamado de a melhor moeda criptográfica para se investir.

Uma das opções para 2022 também é o Dogecoin. Foi lançado como uma brincadeira por dois programadores.

No entanto, Doge gosta da atenção de influentes influenciadores, tais como Musk of Tesla, Gene Simmons da banda de rock Kiss e o rapper Snoop Dogg.

**Melhor criptograma para comprar em 2022**
Qual é a melhor moeda criptográfica em 2022 para comprar ainda mais? Outra moeda criptográfica que você pode considerar a melhor para investimento em 2022 é a Litecoin. Usando a LTC como ficha, baseada na Bitcoin, a Litecoin foi lançada em 2011 por Charlie Lee. A Litecoin é frequentemente referida como a prata de ouro Bitcoin. A Litecoin tem muitas semelhanças com a Bitcoin. No entanto, a LTC tem uma taxa de bloqueio mais rápida e, portanto, oferece um tempo de confirmação da transação mais rápido.

Menos popular entre os desenvolvedores, mas o número de vendedores que aceitam LTC está crescendo. A LTC tem uma capitalização de mercado de US$ 13 bilhões no momento em que foi escrito.

Espera-se que a moeda criptográfica DOT do criador Polkadot se torne mais interessante em 2022. A conexão de correntes de bloqueio autorizadas e sem permissão, bem como oráculos, atrairá ainda mais este sistema. O objetivo é permitir que diferentes redes cooperem umas com as outras sem comprometer a segurança. A propósito, essa é uma vantagem do Polkadot em comparação com o Ethereum.

Você pode criar sua própria cadeia de bloqueio no Ethereum com seu próprio símbolo, mas você também terá que construir em sua própria segurança. Enquanto em Polkadot você pode usar a segurança compartilhada.

Cada vez mais investidores e comerciantes estão se interessando por moedas criptográficas e, em particular, por Bitcoin. Muitas pessoas têm a intenção de realmente entrar no mundo criptográfico, mas não têm idéia de quando fazer isso. Você deveria se deixar levar pelas histórias de sucesso ou talvez seja melhor não fazê-lo? Neste artigo você vai descobrir a resposta.

**Oportunidades para investir em Bitcoins**

O aumento do interesse em moedas criptográficas garantiu que também há muitas oportunidades para investir em Bitcoins. Onde no passado você só podia ir a sites estrangeiros para isso, hoje em dia você também pode ir a diferentes organizações na Holanda. Existem várias bolsas (holandesas) e usando os serviços de uma organização como a Bitcoin Pro você pode até mesmo aplicar um bot comercial a elas. Isto vai tirar um pouco do trabalho de negociação de Bitcoins para você.

**Quão interessante é um investimento Bitcoin?**

Com base nas reportagens da mídia, o investimento em Bitcoin é muito interessante. Basta fazer uma rápida pesquisa para ler várias histórias de sucesso sobre o assunto. Embora estas histórias sejam muito interessantes e até mesmo inspirem muitas pessoas a fazerem elas mesmas um investimento Bitcoin, os riscos envolvidos não devem ser ignorados. Afinal de contas, os preços da Bitcoin estão sujeitos a mudanças consideráveis. Não se exclui que picos enormes no preço possam alternar com quedas bruscas nos preços. Embora isto possa criar riscos, também proporciona uma boa oportunidade para determinar o melhor momento para fazer um investimento em Bitcoin.

**Comprar baixo, vender alto**

Quando se fala do melhor momento para investir em moeda criptográfica, o termo "comprar baixo, vender alto" vem rapidamente à mente. Afinal de contas, um erro comum é escolher um investimento Bitcoin quando o preço é muito alto. Afinal de contas, muitas pessoas são inspiradas pelas histórias de sucesso acima mencionadas espalhadas pelos diversos meios de comunicação. Para maximizar seu retorno sobre o investimento, é melhor investir quando o preço da Bitcoin está no seu nível mais baixo e vender quando está no seu nível mais alto. Além disso, é uma escolha sábia espalhar o investimento. Isto pode ser feito fazendo o próprio investimento em várias partes ou escolhendo várias moedas criptográficas para investir. O acima exposto aponta que é muito importante ficar de olho nos preços de criptografia e em todas as notícias mundiais para determinar o melhor momento para um investimento Bitcoin.

**A enorme propaganda do bitcoin em 2018**

Pensar nisso coloca um sorriso muito grande no meu rosto. Era verão de 2018 quando comecei a mergulhar em Bitcoin. E especificamente a tecnologia da cadeia de bloqueios. O primeiro artigo que li foi sobre a Bitcoin. Na época, eu podia ver o potencial desta moeda digital, mas não acreditava muito nela. Entretanto, o segundo artigo que li depois disso chamou toda a minha atenção. O segundo artigo era sobre a cadeia de bloqueio, a tecnologia por trás da Bitcoin. Muito fascinante é esta tecnologia, que se baseia na descentralização e na alta rastreabilidade dentro da cadeia de bloqueio. Eu estava convencido, e decidi fazer meu primeiro investimento. Apenas não para investir na Bitcoin, mas no Ethereum.

Atualmente, existem muitos sites de finanças onde você pode comprar Bitcoin. Mas naquela época, no verão de 2018, havia apenas alguns poucos sites onde você podia fazer isso. Muitas vezes você tinha que salvar o código da cadeia de bloqueio em um USB ou em papel. Não é de se surpreender que muitas pessoas tenham perdido seus códigos, juntamente com todas as suas Bitcoins! Isso é, felizmente, uma coisa do passado. De qualquer forma, naquela época eu comprei minhas primeiras moedas Ethereum. Eu havia comprado quatro moedas por 100 dólares cada. Vamos esquecer por um momento o fato de que eu ainda era um grande amador na época e tinha cometido muitas das armadilhas para os investidores novatos. Mas às vezes a sorte está com os estúpidos, e isso era verdade para mim na época. Porque aparentemente, eu tinha entrado pouco antes da enorme propaganda do Bitcoin. E sim, isso me trouxe retornos tremendamente altos.

**Como meu primeiro investimento em Ethereum teve um retorno de +900%.**

Quando eu tinha comprado o Ethereum, eu também tinha comprado alguma outra moeda criptográfica. E então tudo começou. Em algum momento em setembro e outubro de 2018, o Bitcoin Hype foi um sucesso. Uma moeda criptográfica após outra disparou. Por exemplo, no auge do hype, minhas moedas de Ethereum valiam 1000 dólares cada uma. Eu as havia comprado por 100 euros, e isso é um retorno de 900%. Eu também havia comprado algumas moedas Litecoin que haviam voado de 50 dólares para 250 euros. E um dos meus melhores investimentos foi a Verge. Com a Verge, eu tinha feito um total de 5.000 dólares a partir de 100 euros. Mas, como disse, eu era um total amador na época e cometi muitos erros.

Felizmente, eu não fiz tudo errado. Por exemplo, eu só tinha investido com dinheiro que eu podia dispensar. Essa é uma das regras mais importantes para ficar rico com o investimento: investir somente com dinheiro que você pode perder. Eu tinha investido um total de cerca de 1500 euros. E em algum momento isto valia cerca de 13.000 euros. Sim, isso é um retorno tremendamente alto em apenas quatro meses. Infelizmente, meu maior erro foi ter sido completamente apanhado pela propaganda. Esqueci algo muito importante: a coleta de lucros. Todo este tempo eu tinha mantido minha moeda criptográfica, até os dias de hoje. Felizmente, o preço está voltando a subir um pouco, mas passarão anos antes de voltarmos aos níveis de 2018.

Moral da história: caso você invista em um hype, certifique-se de embolsar seus lucros a tempo. Porque antes que você saiba, pode ser tarde demais e você será deixado de mãos vazias.

**Mas nota: não recolher meus lucros não foi o maior erro.**

Caso de falta de uso e valor da Bitcoin em 2018. O maior erro que cometi em 2018 foi investir no hype. Muita gente se tornou milionária investindo em Bitcoin. E não estou descartando a possibilidade de muitos mais milionários nos próximos anos, graças à Bitcoin. Mas a grande diferença entre mim e esses milionários, é que todos esses milionários da Bitcoin chegaram lá muito cedo. Eles já estavam investindo no potencial desta moeda digital a partir de 2013. Naquela época, era possível investir na Bitcoin por menos de um euro! Nesse caso, pode valer a pena investir, digamos, 500 dólares em algo que pode ter um enorme potencial. Isso é sempre melhor do que colocar 500 dólares em preto ou vermelho no Casino....

O Bitcoin foi muito popular em 2018. Naquela época, só tinha potencial, mas não havia nenhum valor tangível por trás disso. Tampouco tinha um forte Caso de Uso. A última é que uma tecnologia também tem aplicações úteis na prática. A Bitcoin ainda não tem valor em 2022. Dificilmente se pode usá-la em qualquer lugar, e a taxa de câmbio ainda flutua muito, tornando-a um meio de pagamento não válido. Isto faz com que a Bitcoin não seja um investimento inteligente aos meus olhos.

Para mim, um investimento inteligente é um investimento em algo tangível que realmente gera receita e especialmente lucro. Pense em fundos imobiliários que colhem enormes lucros todos os meses graças ao dinheiro do aluguel. Ou pense em ações de crescimento de empresas populares emergentes. À medida que as empresas crescem mais e mais a cada ano graças a uma base de clientes cada vez maior, elas também gerarão mais e mais vendas e lucros. Isto faz com que uma empresa valha mais. Quanto maior o potencial de crescimento de uma empresa, mais valiosa ela é. Isto também se aplica às indústrias. Algumas indústrias crescem mais rápido do que outras. Portanto, investir em mercados em crescimento é um investimento muito lógico e inteligente. Muitas vezes vemos este valor refletido no preço das ações. Então, uma ação é relativamente "cara". Mas, se você tiver sorte, encontrará ações valiosas que têm um preço relativamente "barato". Esta forma de investir também é chamada de Value Investing (Investimento de Valor).

**É seguro ou não investir em Bitcoin e moeda criptográfica?**

Enquanto isso, as plataformas nas quais você pode comprar Bitcoins estão ficando melhores e mais fáceis de usar. Um exemplo disso é o Satos. Esta é a plataforma de negociação de moeda criptográfica mais

bem avaliada da Europa. Um desenvolvimento muito
importante aqui é a proteção. As plataformas de
negociação de 2022 têm muito melhor segurança do
que em 2018 e até mesmo antes. Naquela época, havia
todo tipo de histórias na mídia sobre o roubo de
Bitcoins por hackers. Felizmente, isso é cada vez mais
uma coisa do passado (e especialmente se você for um
pequeno investidor). A segurança é agora comparável
às plataformas normais de investimento. Infelizmente, a
realidade é que as Bitcoins são mais propensas a serem
invadidas do que uma carteira normal de investimentos
em ações (que raramente são invadidas). Portanto, sim,
tornou-se mais seguro, mas ainda não tão seguro
quanto os investimentos "normais".

## Quando é bom investir em criptografia?
Para acreditar na realidade, pode-se dizer que é uma
boa idéia investir em criptografia. Este é especialmente
o caso se você é alguém que quer obter exposição
direta em relação à demanda real deste tipo de moeda.

Ao mesmo tempo, a idéia de comprar ações expostas à
moeda digital é muito menos arriscada. Pode acabar
trazendo menos benefícios, mas você certamente não
precisa estar no limite porque é extremamente volátil.

## Riscos associados às moedas criptográficas

Quando se trata de discutir os riscos, há vários. Não
favoreçamos apenas a criptografia, considerando-a livre
de todos os tipos de problemas. Pelo contrário, há

alguns fatores que você deve estar bem ciente antes de decidir se deve ou não investir em criptografia.

**Vulnerabilidade a ataques cibernéticos**

- Concorrência acirrada
- Possível futura regulamentação rigorosa
- Vulnerabilidade a ataques cibernéticos

Ao contrário das bolsas de valores, as bolsas criptográficas são bastante vulneráveis a ataques cibernéticos. Como esta moeda é digital e completamente intangível, ela pode ser invadida. Há uma boa chance de que ela possa se tornar o alvo de todos os tipos de atividades criminosas. Até mesmo alguns dos maiores investidores caíram vítimas desses alvos no passado.

Portanto, eles perderam um montante significativo de investimento devido a esses atacantes. Grande parte de sua moeda digital foi roubada porque houve uma quebra de segurança na metade de uma troca criptográfica.

Embora o uso de técnicas para analisar o mercado de bitcoin torne as coisas bastante seguras, você ainda não pode garantir 100% da renda de seus investimentos.

O armazenamento de criptografia é um processo bastante difícil. Em comparação, a posse de títulos é considerada muito mais fácil. Esta vulnerabilidade das moedas digitais tem realmente dissuadido muitas pessoas de investir nelas.

## Concorrência acirrada

A concorrência no campo da criptografia é feroz. Mesmo que o risco seja alto, as pessoas confiam nele e compram em massa. A cadeia de bloqueio apoiada pela indústria está crescendo a cada dia que passa. Toda a infra-estrutura é construída sobre o digital e o ecossistema criptográfico está ganhando um grande impulso.

Portanto, quando se trata de comprar criptográfico, você pode estar enfrentando muita concorrência. Seu valor pode aumentar no momento em que você decide comprá-lo até o momento em que você põe as mãos em cima dele. Portanto, tomar decisões rápidas e permanecer no caminho certo é realmente necessário.

## Possível futura regulamentação rigorosa
Com os governos e instituições internacionais cada vez mais conscientes da importância da moeda criptográfica, há uma chance de regulamentações rigorosas para o setor no futuro. Até mesmo os especialistas do FMI apelaram para um melhor nível de regulamentação do setor, mostrando que isto poderia ser possível no futuro.

# Investir em criptografia como proprietário de um negócio?

O investimento em criptografia está se tornando cada vez mais conhecido entre os consumidores, mas as empresas também são capazes de encontrar seu caminho para a troca. Entretanto, uma organização deve atender a outros requisitos e passar por um rigoroso processo de verificação. Também levar em conta que você tem que pagar impostos e que às vezes você tem que converter seus ativos criptográficos em euros, para que o saldo correto de lucros ou perdas possa ser determinado. Neste artigo, eu o levarei através de como investir em moedas criptográficas como um negócio e quais são as implicações.

**Investindo em criptográfico em 2022**
Você gostaria de investir em criptografia com seu patrimônio comercial. Neste artigo vou lhe dizer como, mas vamos começar pelo início. O que investir em criptografia em 2022, isso é realmente inteligente?

Estamos em uma situação especial neste momento, porque todos os tipos de coisas estão acontecendo no mundo. Estamos vivendo em um ritmo acelerado rumo a um novo sistema financeiro, há uma enorme escassez no mercado de commodities, as guerras estão eclodindo e nosso clima é tudo menos estável. Dizer que é o caos é um eufemismo.

Os preços inconstantes no mercado de criptografia são, felizmente, bastante normais. Não o chamamos de um mercado "volátil" por nada; flutuações brutas não são estranhas e é para isso que você precisa estar preparado. Em última análise, cada queda ou subida é uma reação a um evento ou tendência no mercado, o que é, portanto, bastante lógico. Você não pode lucrar com os altos se não houver quedas, é assim mesmo que funciona.

Na semana passada também escrevi um artigo sobre o que você pode fazer com seu dinheiro em tempos incertos e meu colega Christiaan escreveu sobre como investir sua riqueza em ouro. O ouro também se sai bem em épocas em que o dólar está caindo.

**Armazene suas moedas digitais com segurança**
Uma vez adquiridas, suas moedas estão na troca. Este não é um lugar seguro para armazená-las, pois em caso de um hack ou de um acidente, você perdeu tudo. É claro que não é isso que você quer para seu patrimônio comercial. Aqui estão as opções que você tem:

Carteira hospedada - Esta é uma carteira que muitas vezes já é criada pelo próprio câmbio, quando você compra suas moedas. Por exemplo, se você comprar Ethereum (ETH) através de Bitvavo, seus fundos irão diretamente para tal carteira. Isto é obviamente seguro, mas de longe não é a opção mais segura;

Carteira de software - Uma carteira de software é um ambiente online no qual você armazena seus criptos. Você baixa esta carteira em seu computador ou em um aplicativo em seu dispositivo. Você é o único que tem estes dados de login e não há terceiros envolvidos, mas ainda não é a opção mais segura;

Carteira de ferragens - Esta é uma opção que eu mesmo recomendaria. Através de uma carteira de ferragens, como o Ledger, você tem certeza de que tudo está realmente sob seu controle. Isto lhe poupa a preocupação e evita que você perca suas moedas em um hack ou um crash.

## Como encontrar as moedas certas?

Atenção: esta é uma nota lateral para facilitar sua busca pelas moedas digitais certas. Não é um conselho financeiro e absolutamente nenhuma maneira de lhe dizer, no que você deve investir. Cabe inteiramente a você decidir no que investir e como fazê-lo. Faça sua própria pesquisa!

## Estas são diretrizes para encontrar a opção de investimento certa para você:

Use uma troca confiável e segura que atenda às suas necessidades;
Aproveite o fato de que com o criptograma, você pode muitas vezes (nota: nem sempre) obter retornos que você absolutamente não pode obter com economia;

Você pode optar por um certo número de moedas ou criar uma ampla carteira. Você vai para um pouco de tudo, você vai especificamente para a DeFi ou você se apega a alguns altcoins?

Veja cuidadosamente quais são suas opções. Você vai comprar e HODL, então economize a longo prazo? Você quer comprar em um mergulho e vender em um pico? Você quer atacar?

Algumas bolsas oferecem aos empresários bônus especiais, ofertas de pré-venda ou acordos para que eles invistam em criptografia com cada vez mais freqüência. Caso isto seja em seu beco, aproveite!

Beneficie-se como empresa das tendências criptográficas atuais
Como um negócio, você quer fazer mais do que apenas investir nas moedas criptográficas? Talvez você queira até administrar um negócio ou projeto que seja inteiramente ativo neste setor! Ou você quer saber como pagar tão pouco imposto sobre seus ativos criptográficos, de uma forma legal, é claro.

O investimento empresarial em criptográfico pode definitivamente valer a pena. Sim, você precisa saber o que está fazendo e sim, você também precisa manter bons registros. Mas este também é o caso sem investimentos criptográficos. Se você usar uma troca confiável, criar uma conta comercial e armazenar suas moedas digitais adquiridas com segurança, isto pode lhe dar um bom retorno.

É bom saber que, além de investir em criptografia, você também pode iniciar um negócio no mundo da criptografia. Pense em fazer NFTs, aconselhar pessoas ou fundar um projeto sobre a cadeia de bloqueio. O que quer que você esteja planejando, e quaisquer que sejam suas ambições, o mundo criptográfico está a seus pés. Desejo-lhes a melhor das sortes e diversão!

**Investindo na taxa de câmbio de Cardano em 2022**

Uma das moedas que os especialistas esperam muito nos próximos anos é o ADA sobre a taxa de câmbio de Cardano. Embora ninguém possa prever o curso da moeda criptográfica, isto se deve a uma razão. A equipe por trás do Cardano está trabalhando arduamente para renovar e melhorar a rede, o que se reflete diretamente nos preços. Por exemplo, em março de 2020 a moeda valia apenas $0,03 e vemos que em agosto de 2021 a ADA tinha um valor de $2,61. Os especialistas esperam que a taxa de câmbio de Cardano permaneça quieta no início de 2022 antes de sofrer um aumento. É particularmente a longo prazo, pensemos em 2023 a 2025, que torna interessante o investimento em Cardano.

# Qual moeda criptográfica mostra promessa?

A criptografia se tornou uma sensação crescente nos últimos anos; a velocidade com que a criptografia se tornou uma tendência tem sido mais rápida do que a adoção da própria Internet, e o fim está longe de estar à vista. A criptografia é quente, a criptografia está em tendência, e muito dinheiro está sendo investido nela. A previsão da criptografia de 2022 é, portanto, esperada positivamente por muitos investidores, e encontrar as melhores moedas está se tornando cada vez mais difícil. Mais e mais pequenos criptogramas com potencial estão surgindo. Além disso, estão surgindo cada vez mais trocas e mercados de criptogramas.

Até o final de 2025, espera-se que haja cerca de um bilhão de carteiras globais de Bitcoin. Espera-se que este número continue a aumentar devido ao alcance global da Internet e aos muitos países que estão começando a aceitar o Bitcoin como moeda corrente legal.

### Novas moedas criptográficas 2022
Mas não é apenas a Bitcoin que está crescendo, mas também outras moedas criptográficas como o Ethereum, cuja tendência desde 2019 tem se desenvolvido mais rapidamente do que a Bitcoin. O crescimento das Finanças Descentralizadas (DeFi) é ainda mais impressionante, com o número de usuários triplicando desde o início de 2021. Este mercado "arriscado" atraiu mais investidores, e à medida que

2021 atinge seu último trimestre, os investidores estão agora procurando os melhores investimentos de criptografia em 2022. Qual moeda vai subir em 2022 depende principalmente dos projetos que ela representa. Quais novas moedas criptográficas assumirão o ano de 2022, podemos ver através dos exemplos abaixo.

**Expectativa criptográfica 2022**

Os mercados criptográficos são mais voláteis que os mercados de ações, o que torna ainda mais importante como investidor estudar bem as diferentes moedas criptográficas, e qual é o plano a longo prazo para os projetos por trás da moeda criptográfica. Neste capítulo, discutiremos as 8 principais moedas criptográficas de 2022 fora da Bitcoin, para que você, como investidor, possa fazer uma escolha criteriosa para sua carteira de investimentos em 2022. Não mergulhe apenas no preço da moeda criptográfica, mas também o tipo certo de câmbio criptográfico pode fazer muita diferença em sua experiência de investimento. Mesmo que a previsão de criptografia para 2022 seja positiva, tenha certeza antes de investir dinheiro. Mantenha-se atualizado com as últimas notícias criptográficas em sites como marketupdate.co.uk e trocas como Binance.

**As melhores moedas criptográficas de 2022 para investir em**

As seguintes moedas criptográficas são projetos que estão funcionando bem e dos quais há uma grande expectativa para o Crypto 2022. Especialmente para investidores que estão procurando um investimento a longo prazo, estas moedas criptográficas são uma boa escolha para se envolverem mais. Não damos consultoria financeira, mas compartilhamos estas informações transmitidas sobre os resultados dos últimos meses, juntamente com o plano de longo prazo para o projeto. Basta certificar-se de mergulhar completamente em um criptograma antes de decidir investir.

**Litecoin como um investimento para 2022**

Além das boas notícias Cardano, há outras moedas nas quais você pode investir em 2022. A litecoin, por exemplo, é uma delas.  Esta moeda criptográfica também é vista como a alternativa à Bitcoin. Isto porque ambas operam no mesmo tipo de rede, ou seja, a cadeia de bloqueios. Uma das grandes vantagens da Litecoin é que ela provou ser uma moeda muito sólida no passado (e no presente). Isto torna o investimento nela ainda mais interessante. Além disso, ao contrário da Bitcoin, a moeda não tem que lidar com altos custos de transação. Isto pode muito bem funcionar a favor deste altcoin nos próximos anos. Portanto, definitivamente, fique de olho na Litecoin em 2022 e acrescente a moeda à sua carteira de investimentos.

**Invista no XRP da Ripple em 2022**

Em conclusão, ele certamente pode trazer o benefício necessário quando você começar a investir no XRP da Ripple em 2022. O Ripple é impossível imaginar o mundo criptográfico sem ele. Nos últimos anos, esta moeda criptográfica se tornou muito mais valiosa, tornando-a uma boa moeda para investimentos comerciais. Embora poucas pessoas proeminentes na criptografia ousem falar sobre a moeda, há algumas empresas comerciais que esperam que a Ondulação duplique de valor em relação a 2021. Outras até esperam um valor ainda maior no preço da Ondulação. Nunca se deixe levar inteiramente por este tipo de expectativa, mas veja por si mesmo qual é a melhor escolha em termos de investimento em moeda criptográfica para seu negócio. Ninguém pode realmente prever o futuro de moedas criptográficas como a taxa de câmbio Cardano.

## Ethereum [ETH] 2022

Ethereum é uma rede em cadeia de blocos descentralizada com sua própria moeda criptográfica para pagar, o Éter criptocêntrico (ETH). O Ethereum é um dos principais concorrentes devido a sua funcionalidade de contrato inteligente. Contratos inteligentes são como contratos de papel que são executados quando todas as condições são cumpridas, mas sem um intermediário, como um banco ou outro intermediário. Vários desenvolvedores estão usando a rede Ethereum para criar vários projetos, tais como trocas descentralizadas (DEXs), tokens de segurança (que podem substituir certificados em papel e outros produtos financeiros), tokens não substituíveis (NFTs) que são usados para substituir arte e outros itens valiosos, tais como a criação de novas moedas criptográficas inteiramente com o padrão de tokens ERC-20 do Ethereum.

O Ethereum está atualmente mudando seu mecanismo de consenso para uma Prova de Estaca (PoS) de seu mecanismo PoW com a atualização ETH2.0. Os Stakers podem agora oferecer seu ETH como um investimento depositado para renda passiva adicional. Isto não é apenas para retorno adicional, mas também é melhor para o meio ambiente. Afinal de contas, a mineração antiquada consome muita energia.

O que faz do Ethereum um bom investimento? Ethereum é a maior rede de cadeias de blocos para aplicações descentralizadas e tem a segunda maior capitalização de mercado atrás da Bitcoin.

Com aplicações descentralizadas e o padrão de fichas ERC-20, o Ethereum oferece muitas oportunidades para diferentes projetos e é a principal escolha para o desenvolvimento de novas moedas criptográficas.
O éter é a única moeda que está sendo discutida para superar o bitcoin a curto prazo, e todos os dApps, contratos inteligentes, fichas de segurança, NFTs e muitos outros produtos exigem que eles funcionem na cadeia de bloqueio ETH.

A ETH tem mostrado uma forte capacidade desde 2015, e ainda está evoluindo para melhorar. Por exemplo, há a atualização em andamento da ETH2.0 que contribui para um mecanismo e sistema de consenso do PdS muito mais eficiente e rápido. A ETH ainda é uma das melhores moedas criptográficas de 2022 .

A greve é um gerador de renda adicional (cerca de 8% ao ano) para os investidores que querem manter a ETH e obter um retorno adicional. No Binance você pode bater as moedas ETH e outras moedas criptográficas.

## Polkadot [DOT] 2022

Polkadot é uma rede proprietária de correntes de bloqueio que conectou diferentes correntes de bloqueio que têm funções diferentes, para fazê-los trabalhar juntos. O Polkadot permite aos desenvolvedores, como o Ethereum, construir aplicativos e contratos inteligentes. As cadeias de relés Polkadot permitem a comunicação de dApps com outras redes de cadeias de bloqueios. Devido à interoperabilidade do Polkadot, tornou-se fácil transferir ativos entre diferentes cadeias de bloqueios, e o Polkadot tem a maior velocidade potencial de transação atualmente no setor. O DOT não pode ser apostado, mas pode ser investido através do Bitvavo para criptografia 2022.

## O que faz do Polkadot um bom investimento?

Polkadot pode se comunicar com outras redes, inclusive com o Ethereum. Polkadot tem um número crescente de programadores, em um webinar Keith Bliss (President Capital2Markets) discutiu isto, "Polkadot é um concorrente do Ethereum e muitos programadores o utilizam porque é mais seguro. Ela permite que eles construam suas próprias correntes de bloqueio".

O Polkadot aborda a escalabilidade, um grande problema da cadeia de bloqueio. Os paraquedas do Polkadot reduzem o congestionamento. Esta característica melhorada também o torna uma boa opção de investimento.

Vitalik Buterin, um dos fundadores da Polkadot, também co-fundou o Ethereum, dando-lhe uma base sólida e o apoio de muitos investidores.

## Cosmos [ATOM] 2022

Cosmos se considera um projeto que resolve alguns dos "problemas mais difíceis" enfrentados pela indústria da cadeia de blocos. Ele se destina a fornecer um antídoto para protocolos "lentos, caros, não escalonáveis e prejudiciais ao meio ambiente", tais como os que são atualmente utilizados pela Bitcoin.

Outros objetivos do projeto incluem tornar a tecnologia da cadeia de bloqueio menos complexa e difícil para os desenvolvedores graças a uma estrutura modular que desmistifica as aplicações descentralizadas. Por último, mas não menos importante, um protocolo de comunicação Inter Blockchain facilita a comunicação entre redes de blockchain, evitando a fragmentação na indústria. O ATOM não pode ser apostado, mas pode ser investido através do Bitvavo.

## O que faz do Cosmos um bom investimento?

A estaca é um gerador de renda adicional com moedas ATOM para os investidores que querem segurar a ATOM e obter um retorno adicional. No Binance, você pode acertar ATOM e outras moedas criptográficas.

O Cosmos é descrito como "Blockchain 3.0" - tem um grande objetivo para garantir que a infra-estrutura seja fácil de usar. Isto permite que uma rede seja facilmente construída usando pedaços de código já existentes. A longo prazo, espera-se que isto facilite a produção de aplicações complexas.

A escalabilidade é outra prioridade, o que significa que podem ser processadas significativamente mais transações por segundo do que cadeias de bloqueio mais antiquadas como Bitcoin e Ethereum.

## Polígono [MATIC] 2022

Polygon (antiga Matic Network) é a primeira plataforma bem estruturada e fácil de usar para o desenvolvimento da escala de Ethereum e da infra-estrutura. Seu componente central é o Polygon SDK, uma estrutura modular e flexível que suporta a construção de múltiplos tipos de aplicações.
O Polygon transforma efetivamente o Ethereum em um sistema multicanal completo (também conhecido como Internet de cadeias de Blockchains). Este sistema multicadeia é semelhante a outros sistemas como Polkadot, Cosmos, Avalanche, etc. Com as vantagens da segurança, ecossistema vibrante e abertura do

Ethereum. O MATIC não pode ser apostado, mas pode ser investido através do Bitvavo.

O que faz do Polygon um bom investimento?
Você pode pensar no Crypto Polygon como um trem expresso. Ele está na mesma via que todos os outros trens, mas corre mais rápido e faz menos paradas no caminho. Neste exemplo, a via é o Ethereum, onde o Polygon realiza transações mais rapidamente que outras redes criptográficas.
A plataforma utiliza um POS ou prova de consenso para assegurar a rede e criar uma nova moeda.
O Polygon se orgulha de ter até 65.000 transações por segundo em uma única cadeia lateral, juntamente com um tempo respeitável de transação de menos de dois segundos.

**Algorand [ALGO] 2022**
Algorand é uma das plataformas de código aberto mais populares utilizando a tecnologia blockchain. Algorand como uma rede descentralizada é intencionalmente construída para resolver os três problemas prementes da tecnologia de blockchain, ou seja, descentralização, velocidade e segurança.

Algorand é usado para criar aplicações para ativos digitais, identidade, títulos, cadeias logísticas, infra-estrutura, moedas estáveis, meio ambiente, governo/público, instituições financeiras, finanças descentralizadas (DeFi), jogos e seguros.

**O que faz da Algorand um bom investimento?**

Uma das aplicações construídas para a identidade FLEXFINTX tem sido inestimável para ajudar mais de 400 milhões de africanos a obter uma identidade digital.

O Algorand foi projetado para ter custos de transação mais baixos, bem como nenhum uso de mineração (como o processo Bitcoin de energia intensiva), porque é baseado no protocolo de cadeia de bloqueio de prova de consumo (PoS).

Os investidores podem comprar a moeda Algorand ALGO através de trocas criptográficas como Bitvavo, e ela é considerada uma das melhores moedas criptográficas de 2022.

**Enjin [ENJ] 2022**

A Enjin Coin é uma moeda criptográfica de cadeia de bloqueio destinada exclusivamente aos jogadores. Em 2017, a empresa Enjin, sediada em Singapura, lançou esta moeda como um token compatível com o ERC-20. Isso significa que você pode enviar e receber ENJ usando uma carteira Ethereum. Muito mais interessante, no entanto, é no que a ENJ é gasta. A maioria das moedas criptográficas é utilizável para comprar algo.
A ENJ tem uma usabilidade única que faz parte de como a moeda funciona. Os jogadores podem usar ENJ para comprar NFTs em vários jogos. As NFTs ou fichas não substituíveis são usadas apenas para comprar conteúdo digital e são atualmente muito populares, o que você pode ver no preço atual em Bitvavo.

**O que faz da Enjin um bom investimento?**
A Enjin Coin usa uma série de contratos inteligentes que
os desenvolvedores de jogos enviam à ENJ para criar
novas fichas ERC-1155 substituíveis ou não
substituíveis. Estes tokens podem ser negociados no
Enjin Marketplace ou resgatados por seu apoio à ENJ.
Conforme mais fichas personalizadas são cunhadas,
mais ENJ é removido do ecossistema, tornando-o mais
escasso.

O co-fundador Enjin Witek Radomski escreveu o código
para uma das primeiras fichas não fungíveis (NFTs) e é
também o co-autor da norma ERC-1155 Ethereum
token.

Com o crescente sucesso das NFTs, é provável que a
Enjin experimente uma alta valorização do preço e
também é vista como uma das melhores altcoins 2022.

# Estratégias de lucro a longo prazo

As moedas criptográficas tiveram um início de ano difícil em meio a múltiplas preocupações no setor. A maior preocupação é a Reserva Federal, que se comprometeu a agir de forma mais agressiva na luta contra a inflação. As moedas também caíram por causa dos crescentes temores sobre as valorizações na indústria de moedas criptográficas.

As moedas criptográficas como Bitcoin, Ethereum, Ripple e Cardano caíram em mais de 50% desde seu ponto mais alto de sempre. Neste artigo, destacaremos as dez melhores moedas criptográficas para se investir em ganhos de longo prazo.

**Bitcoin**

Bitcoin é uma das principais moedas criptográficas iniciadas em 2009 pela Satoshi Nakamoto. A moeda foi criada como uma alternativa às moedas fiat, como o dólar americano e o euro. A diferença é que ela seria descentralizada por natureza, o que significa que nenhuma entidade por si só teria muito poder sobre ela.

Em seu auge, a Bitcoin estava sendo negociada a quase 70.000 dólares. Agora, caiu para cerca de US$ 25.000 com o aumento das preocupações com o aumento da Reserva Federal. Ainda assim, há uma chance de que o preço da moeda se saia bem no futuro. Ao contrário de outras moedas, ela é significativamente segura e a oferta está caindo significativamente.

Além disso, a Bitcoin tem sido abraçada por algumas das maiores entidades do mundo. Por exemplo, a Tesla é proprietária da Bitcoin no valor de mais de US$ 1 bilhão. Da mesma forma, empresas como a MicroStrategy e a Square têm a Bitcoin em seus balanços. Portanto, é provável que o preço da Bitcoin seja um bom investimento a longo prazo.

**Éter**

O éter é o símbolo original para o ecossistema Ethereum. O Ethereum é uma cadeia de blocos líder que permite aos desenvolvedores construir aplicações descentralizadas de alta qualidade em todas as indústrias. É possível construir aplicações em áreas como finanças descentralizadas (DeFi), tokens não substituíveis (NFT) e metaverso.

O Ethereum se tornou um dos principais atores nestas indústrias. Por exemplo, foi usado para construir aplicações como Axie Infinity, Aave, Curve Finance e Decentraland. Como se espera que a indústria da cadeia de bloqueio continue a crescer, é provável que o Ethereum continue a desempenhar um papel importante.

O Ethereum também é um bom investimento por causa de sua passagem de uma prova de trabalho para uma rede de prova de participação. Esta mudança, combinada com a adoção da tecnologia de estilhaçamento, levará a uma maior demanda.

Portanto, existe a possibilidade de que o preço do Ethereum continue a se sair bem.

## ATOOM

ATOM é o símbolo nativo para o ecossistema do Cosmos. O Cosmos é uma plataforma líder em cadeia de blocos que ajuda a conectar múltiplas moedas. De acordo com seu website, possui centenas de fichas com um valor total de bilhões. Ao mesmo tempo, seu SDK é usado para construir algumas das principais plataformas de correntes de blocos da indústria, como ThorChain e Osmosis. O preço da ATOM será bom à medida que o crescimento do ecossistema continuar.

## A caixa de areia

A Sandbox é uma das maiores indústrias metaversas. É uma plataforma que permite que pessoas e empresas comprem bens imóveis virtuais on-line. Também se tornou uma das principais plataformas de negociação de fichas virtuais não-fungáveis (NFT). Além disso, é um ecossistema de jogos líder que permite que as pessoas joguem jogos virtuais em torneios conhecidos como Alpha. É provável que o token SAND continue a crescer a longo prazo.

## MKR

MKR é o símbolo nativo para o ecossistema Maker. Maker é uma plataforma líder da DeFi que permite que as pessoas peguem emprestado e economizem na rede. Ela difere de outras plataformas DeFi simplesmente por causa de sua própria moeda estável conhecida como Dai. Além disso, ao contrário de outras plataformas, ela usa seu próprio sistema de oráculos. Assim, há uma chance de que o preço da MKR aumente a longo prazo, especialmente após o colapso do Protocolo Anchor.

**LINK**
A LINK é outra moeda criptográfica popular que é um bom investimento a longo prazo. É uma plataforma líder que permite aos desenvolvedores de cadeias de bloqueios simplificar seu processo de desenvolvimento. Ela o faz ao ajudá-los a incorporar dados fora da cadeia na cadeia.

Possui a maior participação no mercado do setor e é utilizada pelas principais plataformas DeFi, tais como Aave e Uniswap. Com sua participação de mercado e forte crescimento, há uma chance de que ela se saia bem no longo prazo.

# Será que o bitcoin atingirá os 100k em 2022?

A previsão de preço do Bitcoin para 2021 acabou sendo um pouco diferente para muitos investidores. Mas apesar das altas expectativas, a Bitcoin ainda teve um bom desempenho. Com um retorno de 64% em 2021, a Bitcoin deixou todos os outros ativos de investimento muito para trás. Muitos analistas, assim como muitos investidores de varejo, esperavam que o preço da Bitcoin chegasse a 100.000 dólares até o final de 2021.

Na realidade, os preços criptográficos, incluindo os do Bitcoin, ficaram um pouco atrasados neste aspecto. O que isso tem a ver com a Bitcoin e ainda chegará aos 100K em 2022?

Os preços criptográficos são difíceis de prever, mas gostaríamos de saber se investir em Bitcoin ainda é prudente e se 100K é uma possibilidade. Para dar uma mãozinha nisso, você pode olhar para uma série de eventos e mudanças. Era uma vez, é claro, que a Bitcoin também foi concebida por uma razão. O impulso foi a crise financeira em 2008 e agora, tantos anos depois, o sistema financeiro parece estar em pior forma ainda.

Alguém que não acredita no Bitcoin provavelmente também não investirá. Mas se você estiver interessado, talvez depois de ler este artigo, você o veja de maneira diferente. O que eu menciono são fatos, mais minha própria opinião. Ambos surgiram ao fazer minhas próprias pesquisas. Portanto, este artigo não pretende absolutamente ser um conselho de investimento. Com as informações, eu só tento mostrar-lhe se e quão importante Bitcoin poderia se tornar no futuro.

**Areia no motor**

A partir de 1º de janeiro de 2021, o preço da Bitcoin dobrou de $25.500 para $51.000 dentro de três meses. A propósito, não só o Bitcoin se saiu bem, outros preços criptográficos como o Ethereum também se saíram bem. Falou-se muito sobre isso e choveram previsões. A expectativa de preço da Bitcoin para 2021 era para muitos - alcançando o limite mágico de 100.000 dólares. Um desses preditores foi o Plano B.

O Plano B é conhecido por seu modelo Stock-to-Flow (S2F). Esse modelo previa assim $100.000 até o final de 2021 e, com um modelo melhorado, até mesmo um preço Bitcoin de $288.000 até 2024. Embora o Plano B seja um holandês bem conhecido, ele permanece anônimo na mídia. Com seu modelo, ele mede a escassez do Bitcoin, por assim dizer. Isto é feito dividindo a oferta atual (estoque) de Bitcoin pelo número de Bitcoins produzidos anualmente (fluxo).

E como a recompensa pela mineração cai pela metade, em média, a cada quatro anos, as Bitcoins chegam ao mercado a um ritmo cada vez mais lento. Se a demanda pela moeda continua a crescer, uma expectativa de preço da Bitcoin de 100K é bem possível a curto prazo. Especialmente porque o número de moedas Bitcoins está fixado em um máximo de 21 milhões.

A propósito, o modelo do Plano B data de março de 2019 e durou até o início de dezembro de 2021. Para muitos, foi um choque que a previsão de repente tenha deixado de ser verdadeira. Será que o Bitcoin ainda irá para 100K em 2022? Sim, de acordo com o Plano B, ele diz que ainda está confiante. O modelo ainda está intacto em seus olhos. Embora devêssemos começar a ver sinais de recuperação nos primeiros meses de 2022.

**Demasiado guiado por previsões**
É claro que sua previsão de preço Bitcoin não está errada, e é por isso que é compreensível que as pessoas estejam observando seu modelo de perto. Parecia apenas uma questão de paciência antes que a Bitcoin chegasse a 100K.

Naturalmente, acontece regularmente que as previsões são feitas, tanto positivas quanto negativas. Só você tem tão pouco uso para elas.

Ainda assim, seu modelo, baseado na escassez, parece bastante credível. Somente o que ele faz com suas emoções, quando o preço do Bitcoin não segue mais o modelo?

Na realidade, foi ainda pior; Bitcoin não chegou nem a 50.000 dólares. Tudo somado, uma grande decepção que se transformou em medo.

Após o último pico (por enquanto) em 9 de novembro de 2021, o preço do Bitcoin é atualmente de $18.000 no preço negativo. As notícias sobre a variante Omikron,

assim como a alta inflação e a crise atual, pareciam ser
a causa da queda dos preços. E quanto à China, que
proíbe estritamente a moeda criptográfica. Quando
reina a incerteza, muitas vezes se vê dinheiro sendo
retirado de investimentos de risco em primeiro lugar.

A moeda criptográfica, é claro, é uma delas. Por outro
lado, quando o dinheiro vale menos, as pessoas
procuram maneiras de se proteger contra ele.

### Mais incerteza

Além do fato de que a inflação é alta, são precisamente
as taxas de juros baixas que são preocupantes.
Normalmente, o BCE (Banco Europeu) pode influenciar
a inflação jogando com as taxas de juros. A única coisa
que eles podem fazer agora é aumentar a taxa de juros,
não é mais possível baixar a taxa.

Mas em uma crise, eles preferem não aumentar a taxa
de juros. No momento em que a taxa de juros subir, os
empréstimos se tornam mais caros e menos dinheiro
será gasto. E a redução das taxas de juros mais os
bilhões em pacotes de estímulo são precisamente
destinados a manter a economia funcionando.

A alta inflação provavelmente também não é
temporária e há um risco de que ela aumente ainda
mais. Isto significa que o dinheiro fiduciário vale cada
vez menos e enquanto a economia não for interessante,
as pessoas continuarão a procurar por alternativas.

### Pontos luminosos

A quantidade de dinheiro que foi impressa recentemente é, naturalmente, uma das razões da inflação. Segundo o economista Edin Mujagic, o passado mostra que a impressão de dinheiro em grande escala nunca terminou bem. Ele não vê por que desta vez vai acabar bem. Edin cresceu na Iugoslávia e argumenta que a guerra na época foi causada, em última instância, pela hiperinflação. O que o preocupa particularmente são as semelhanças que ele vê com a antiga Iugoslávia e a situação financeira na Holanda e na Europa agora.

Isto certamente não pode ser chamado de um ponto brilhante e é certo que a conta terá que ser paga um dia. O que isso significará exatamente para nós, não ouso dizer. Mas é bom pensar sobre isto. Não é por nada que 2021 foi o ano em que muitos investidores institucionais decidiram começar a investir também em Bitcoin e outras moedas criptográficas.

Mesmo países como El Salvador e a Ucrânia estão estocando Bitcoins. Naturalmente, os partidos e países institucionais não investiriam em Bitcoin se não acreditassem nisso. A principal razão pela qual as pessoas investem é porque a Bitcoin é escassa e querem se proteger da inflação. Não é uma loucura pensar que o crescente interesse e aceitação da Bitcoin continuará a aumentar nas próximas décadas. Talvez 100K para 2022 seja apenas um pouco ambicioso demais, mas que este limite será alcançado estou convencido.

Quer entender melhor como nosso sistema monetário atual foi criado e funciona (ou melhor, não funciona mais).

# Economia pós-covida

Dois anos de Corona tiveram um claro impacto na forma como as pessoas gastam seu dinheiro. Embora os gastos totais com cartão de crédito estejam quase voltando aos níveis de 2019 - com uma redução de -2% - a distribuição dos gastos mudou totalmente. Em particular, houve um grande aumento nas compras de itens em segunda mão. Com um crescimento de +144%, esta é a categoria de produtos que mais cresce.

A categoria que tem crescido mais rapidamente em termos de gastos com cartão de crédito é a categoria de serviços financeiros. Isto se deve às compras de moedas criptográficas que aumentaram em +1,580%.

No entanto, os gastos com viagens e restaurantes ainda não voltaram ao seu nível anterior. Isto é de acordo com o ICS Credit Card Facts, uma análise feita pelo ICS dos dados do cartão de crédito no período Q1 2019 - Q1 2022.

As mudanças nos dados dão uma boa imagem das mudanças nas escolhas feitas pelos consumidores nos últimos anos. Os itens em segunda mão estão indo notavelmente bem. As pessoas tiveram mais tempo para fazer grandes mudanças em suas casas e colocar itens desnecessários à venda devido aos lockdowns. As moedas criptográficas também foram compradas em abundância durante os últimos dois anos.

As pessoas tinham dinheiro sobrando que de outra forma teriam gasto em férias ou hospitalidade e tinham mais tempo para aprender os segredos do comércio de criptografia. Um terceiro riser notável, a categoria "serviços digitais", cresceu em 41%. Isto se deveu principalmente a um aumento nos gastos com serviços de streaming.

## Categorias que ainda estão se recuperando

Há também categorias que tradicionalmente têm tido um bom desempenho, mas que ainda não voltaram aos seus níveis anteriores. Por exemplo, vemos que a categoria "Alimentos & Bebidas" ainda tem um desempenho 17% menor em comparação com dois anos atrás. Isto se deve principalmente a um declínio nos gastos em restaurantes, uma vez que ainda estivemos em bloqueio durante grande parte do mês de janeiro. Os gastos lá são no primeiro trimestre de 2022, 27% inferiores aos do mesmo período em 2019. Os gastos com a entrega de alimentos aumentaram acentuadamente em 355%. Em viagens, vemos o mesmo quadro com um decréscimo de 11%. Entretanto, os gastos recentes com cartão de crédito mostram a recuperação do setor de viagens. Os gastos no primeiro trimestre deste ano são +312% maiores do que no primeiro trimestre de 2021. O entretenimento caiu -9%, principalmente devido a -13% de gastos com cinema e teatro.

## Muitos gastos com cartão de crédito na Áustria e Islândia

Foram examinadas as tendências de gastos com cartão de crédito em 50 países em todo o mundo. O maior risco em gastos hoteleiros no primeiro trimestre de 2022 em comparação com o mesmo trimestre do ano anterior é a Áustria com +4,260%. No número dois está a Islândia com +2380% e no terceiro lugar a Noruega com +1279%. Deve ser óbvio que o crescimento nos gastos em hotéis austríacos é devido aos turistas que puderam voltar às pistas de esqui austríacas este ano. O crescimento dos gastos nas cabines de pedágio está sem dúvida relacionado também ao aumento dos entusiastas dos esportes de inverno. Com restrições de viagem para países fora da Europa, destinos "especiais" dentro da Europa - como a Islândia e a Noruega - podem ter ganho popularidade.

## A fraude aumentou

Com o advento da coroa e o rápido aumento das compras on-line, a proporção de webshops desonestos também aumentou. Glenn Mac Donald, CCO da ICS: "Tivemos anos turbulentos e isto se reflete claramente em nossos dados sobre fraude. A ICS monitora continuamente se os sites são potencialmente fraudulentos e age rapidamente. É por isso que no último trimestre tiramos cerca de 350 sites off-line e, preventivamente, substituímos quase 5.000 cartões. Ao pagar com um cartão de crédito, a proteção de compra e o seguro geralmente garantem que os consumidores recebam seu dinheiro de volta, mesmo em caso de fraude". Ele continua: "Também vemos muito claramente em nossos dados que a transição digital acelerou tremendamente. As pessoas frequentemente tiveram que fazer suas compras on-line devido aos bloqueios e continuaram fazendo isso. Como resultado, em comparação com 2019, as compras online aumentaram 34%, mas os gastos offline diminuíram em 23%. Nas análises subseqüentes dos Fatos de Cartão de Crédito, vamos ver até que ponto as compras offline ainda vão se recuperar ou se a transição digital está provando ser permanente em certas categorias".

Um pré-requisito para o sucesso é atingir uma meta. Não comece a moeda criptográfica como uma galinha sem cabeça. Comece com uma meta. Por que você quer começar com a moeda criptográfica? Qual é sua meta de investimento? Por experiência, eu gostaria de lhe dar a dica para pensar sempre a longo prazo.

Por exemplo, estabelecer uma meta concreta: dentro de [xx anos], eu quero ter x quantidade de dinheiro em ativos graças ao investimento.

Este é um objetivo abrangente para investir. Começar a investir em moedas criptográficas deve ser uma parte disto. Investidores bem sucedidos espalham suas oportunidades. Entenda que as moedas criptográficas são extremamente arriscadas. Você não quer colocar todo o seu dinheiro em um só cavalo. Nem mesmo se este for um cavalo muito rápido (com tornozelos frágeis). Porque é assim que funciona o investimento em criptográfico
Caro investidor de longo prazo, aqui você pode ler tudo sobre como investir em criptografia. Desde investir em criptografia para iniciantes até as melhores aplicações de criptografia. Incluindo um amplo tutorial (explicação) sobre como investir online.
: ele pode subir rápido, mas também cair forte.

Se eu puder lhe dar uma dica/orientação, é para não colocar mais de 10% do total de seus ativos de investimento em criptografia.

Isto pode não ser o que você quer ler. Mas eu quero protegê-lo de grandes perdas de dinheiro. Especialmente como um investidor novato, você pode ter uma sorte enorme com a moeda criptográfica. O objetivo deste artigo é ensinar-lhe como começar a investir com sucesso em moedas criptográficas. Não como ficar rico rápido ou pobre rápido....

Investidores bem sucedidos disseminam oportunidades para alcançar o objetivo de investimento. Invista em outros ativos além do criptográfico. Retornarei a isto mais tarde 😉 .

Portanto, dentro de seu objetivo geral, você precisa saber como o investimento criptográfico vai contribuir para ele.

**Comece você mesmo a investir em moedas criptográficas ou terceirize o processo?**

Começar com a moeda criptográfica é arriscado. No entanto, pode ser lucrativo investir uma pequena parcela nela. Afinal, o alto risco também pode levar a retornos potencialmente altos.

A questão é: como você quer começar a investir em criptografia? Basicamente, você tem duas opções: você mesmo começa a investir, ou você deixa que outros o façam.

Em geral, com seus próprios esforços, você pode obter retornos potencialmente maiores. Isto só é verdade se você tiver os conhecimentos e habilidades corretos. E como começar com a criptografia é bastante arriscado, pode não ser imprudente tê-la terceirizada. Isto dá uma série de vantagens, tais como que você não precisa de tempo ou conhecimento para isso. Uma desvantagem é que ele vem com um custo. A questão é se você terá um melhor desempenho na linha de fundo (retorno - custo) se você mesmo o fizer.

Se você quiser começar com a moeda criptográfica e preferir terceirizá-la (o que, francamente, pode ser sábio).

**Comece com diversificação e pesquisa: monte uma carteira de investimentos criptográficos**

Os investidores bem sucedidos não escolhem apenas a diversificação. Eles também fazem muitas pesquisas sobre os melhores investimentos. Particularmente com ações individuais e moedas criptográficas, seu sucesso depende da pesquisa. Você só quer investir nas melhores moedas criptográficas, certo? Com as ações, isto é mais fácil: você pode analisar empresas para crescimento futuro (em lucros). Com as moedas criptográficas, isto não é possível. No entanto, você pode olhar para o potencial futuro.

Você adivinhou: o potencial futuro também significa que este potencial pode não ser alcançado. É mais incerto do que com as ações. As ações são de empresas físicas que obtêm lucros (ou perdas). As moedas criptográficas são (por enquanto) em sua maioria idéias ou conceitos. É por isso que começar com moedas criptográficas é tão arriscado.

A solução? Reunir uma carteira de investimentos criptográficos. No contexto da diversificação de riscos, tal carteira deve consistir de pelo menos as 15 moedas criptográficas mais populares. E, idealmente, as 30 maiores.

**Comece com diversificação e pesquisa: construa uma carteira de investimentos criptográficos**

Os investidores bem sucedidos não escolhem apenas a diversificação. Eles também fazem muitas pesquisas sobre os melhores investimentos. Particularmente com ações individuais e moedas criptográficas, seu sucesso depende da pesquisa. Você só quer investir nas melhores moedas criptográficas, certo? Com as ações, isto é mais fácil: você pode analisar empresas para crescimento futuro (em lucros). Com as moedas criptográficas, isto não é possível. No entanto, você pode olhar para o potencial futuro.

Você adivinhou: o potencial futuro também significa que este potencial pode não ser alcançado. É mais incerto do que com as ações. As ações são de empresas físicas que obtêm lucros (ou perdas). As moedas criptográficas são (por enquanto) em sua maioria idéias ou conceitos. É por isso que começar com moedas criptográficas é tão arriscado.

A solução? Reunir uma carteira de investimentos criptográficos. No contexto da diversificação de riscos, tal carteira deve consistir de pelo menos as 15 moedas criptográficas mais populares. E, idealmente, as 30 maiores.

Com certeza, a diversificação diminui o retorno potencial. Suponha que você invista US$ 1000 na melhor moeda criptográfica. Você poderá então alcançar um retorno de +500% (ou seja, x6). Mas, pela mesma coisa, isso dá errado e você perde todo o seu dinheiro.

Não é melhor espalhar $1000 por 30 moedas criptográficas? Então você poderá obter um retorno menor de, digamos, +100% (a longo prazo). Mas o potencial de desvantagem também é menor. Afinal, se 1 das 30 moedas tiver um excelente desempenho com retorno de x30, isto dá um retorno de $33,3 x 30 = $999.

A probabilidade de retornos positivos aumenta com a diversificação através de um portfólio criptográfico.

Você quer começar com sucesso com investimentos em moedas criptográficas? Nossa dica é escolher um portfólio criptográfico. Aumente suas chances de lucro e diminua suas chances de perder dinheiro.

**Comece com um pequeno depósito mensal**

Deseja fazer altos retornos com a moeda criptográfica? A melhor maneira é comprar baixo, vender alto. Isto significa comércio criptográfico ativo onde você vende em picos e compra em declínios. O gráfico acima mostra como fazer isso.

Em um gráfico, parece fácil. Então, por que tantos investidores criptográficos perdem dinheiro? Porque somos criaturas emotivas. O mercado de criptogramas é excitante e volátil. Todos estão esperando pela próxima propaganda. E uma vez que isso acontece, parece que o céu é o limite. No nível do dia-a-dia, é difícil agir racionalmente.

Dica: Quer vender alto e comprar baixo? Desligue suas emoções e trabalhe com pedidos de limite automático. Dê um passo atrás e olhe para o mercado em um "nível mensal", em vez de um "nível diário".

Isto requer conhecimento e habilidade. Isto não é adequado para começar com a moeda criptográfica. Pode haver uma estratégia melhor para os iniciantes.

Como um iniciante, você pode alcançar mais sucesso com a seguinte estratégia:

**Invista somente com dinheiro que você pode economizar**

Invista uma pequena quantia todos os meses em sua carteira criptográfica.

Faça isso por vários anos consecutivos (se você acredita em moeda criptográfica)

Comprar extra quando o mercado criptográfico cair drasticamente (por exemplo, -30% ou mesmo -70%).

Venda parte de seu depósito em picos grandes (por exemplo, a +50% ou +100%). Reserve esta quantia e aposte de acordo com o passo 2 e/ou passo 4.
Ou descontar o lucro e colocá-lo em sua conta poupança ou investimentos de menor risco.

É claro que é melhor comprar somente nos grandes acidentes. Mas há muitos fatores (emocionais) que o levam a cometer erros no timing do mercado. Com um depósito mensal, você visa um preço médio de compra do mercado. Se o mercado subir a longo prazo, você fará retornos.

O que você nunca deve fazer é apenas comprar com propaganda e picos!

Você sabia que investir apenas 100 dólares por mês em criptografia pode levar a 373.960 dólares em riqueza ao longo de 30 anos?

**Trabalhe em seus conhecimentos e habilidades para investir criptograficamente com sucesso**

Você criou uma conta e montou uma carteira criptográfica. Você começa com um depósito mensal. No caso de uma grande quebra de mercado, você compra um pouco mais. Ótimo: este é um começo de sucesso para investir em moeda criptográfica. Como proceder?

**Conhecimento é poder.**

Investidores bem sucedidos investem em ativos que sabem que renderão lucros no futuro. Investir tem riscos. Portanto, saber nunca é 100% certeza, mas sim uma alta probabilidade de aproximação de 100%.

O próximo passo para começar com sucesso com a moeda criptográfica é trabalhar em seus conhecimentos e habilidades. Conheça o mercado. Ganhe experiência. Pesquisar moedas criptográficas em potencial. Um site útil para isso é o coinmarketcap.com. E assim você pode encontrar muitas informações na Internet. Você também pode trabalhar em rede e visitar eventos criptográficos.

Quem sabe, você pode se tornar muito experiente. Quem sabe, talvez em breve você seja capaz de rastrear moedas criptográficas potencialmente úteis. Quanto mais avançado você se tornar, maiores serão as suas chances de ganhar.

Uma habilidade útil em moeda criptográfica é o aprendizado do dia de negociação.

Com ações e ETFs, prefiro comprar e segurar. Isto significa manter por um longo prazo. Em criptografia, eles chamam isto de HODL. Acho que o HODL funciona com as moedas criptográficas mais populares e potenciais. Mas com o criptograma menor, este provavelmente não é o caso porque muito dele é "ar quente". A compra e venda a curto prazo pode funcionar melhor com moedas criptográficas.

Comerciantes de dia experientes podem ganhar muito dinheiro
Ganhar mais dinheiro? Muitas estradas levam a Roma, mas apenas um punhado de idéias são a melhor maneira de ganhar dinheiro extra. Ganhe dinheiro rápida e facilmente de casa, ou de emprego. Isso é possível. I...
 Com moedas criptográficas. Isto porque o mercado de criptogramas é muito volátil. Em um nível diário, existem grandes picos e vales (por exemplo, 10%). Eu mesmo não sou um comerciante diurno. Na verdade, tenho uma aversão a isso. Mas isso não significa que possa ser para você.

**Torne-se um investidor de sucesso**

Agora você sabe como começar com a moeda criptográfica. Provavelmente de uma maneira bem sucedida. Você está pronto para dar um passo adiante? Você quer se tornar um investidor bem sucedido?

**Você quer sucesso financeiro sustentável?**

Em seguida, criar uma carteira diversificada de investimentos a longo prazo. Isto pode consistir de vários investimentos em (não limitados a):

- Fundos de câmbio negociados (ETFs) e/ou fundos mútuos
- Fundos imobiliários e imobiliários
- Empréstimos como títulos, financiamento de pessoas e Empréstimos P2P

**(Dividendo) ações**
Há (também?) muitas oportunidades para começar. Talvez você possa começar com investimentos de menor risco, além de criptografia. Você pode ler exemplos neste artigo sobre como investir com retornos fixos. Estes tipos de investimentos lhe dão mais estabilidade

Hoje em dia, investir você mesmo em criptos é simples. Agora existem partes confiáveis com custos de transação aceitáveis. Elas também permitem que você crie uma conta gratuita e transfira dinheiro facilmente para dentro e para fora com criptografia e cartões de crédito. Pense em plataformas criptográficas como Coinbase, Binance e Bitfinex.

No entanto, é uma história completamente diferente obter os melhores resultados com o investimento em criptografia. Isto requer conhecimento, tempo e uma boa estratégia de investimento. Muitas pessoas que investem nos próprios criptos perdem dinheiro. É melhor escolher um meio-termo aqui, como uma carteira de criptografia ou ter especialistas investindo. Lembre-se bem que qualquer um pode investir quando o mercado está em ascensão. O que você faz quando seu dinheiro evapora em -50%?

**Risco e retorno ao investir mensalmente em criptografia e bitcoin**

Investir tem grandes riscos. A perda de dinheiro é uma ocorrência regular. Para ser bem sucedido, a diversificação de riscos é uma necessidade absoluta. Investir a longo prazo e fazer muita pesquisa também é necessário.

Sobre a questão de quanto investir mensalmente em criptografia e Bitcoin, devemos considerar o risco e o retorno.

No mercado de ações, falamos de um retorno médio anual de 8 - 10% ao ano. Isto é a longo prazo, de 20 - 30 anos. Um ano pode ser de +30%. No outro ano, -20%. Como no caso do crypto e Bitcoin, você também pode investir mais arriscadamente com ações. Os melhores investidores do mundo alcançam assim um retorno médio anual de >25%.

Com cripto e Bitcoin, para mim é incerto o que poderia ser um retorno médio anual. O mercado ainda é jovem demais para isso. Com Bitcoin, um ano é de -80%, e no ano seguinte é de +500%. A volatilidade é extrema. E isso cria oportunidades.

Para dar uma resposta sensata ao quanto queremos investir em moedas criptográficas a cada mês, temos que fazer suposições. Abaixo você pode ler quais delas são. Depois veremos cálculos concretos como uma resposta à nossa pergunta.

**Assunção de retorno médio anual em Bitcoin e criptográfico**

Para determinar quanto investir mensalmente em criptografia e Bitcoin, temos que fazer suposições. Sou um otimista, embora não acredite tanto em Bitcoin (mas acredito na cadeia de bloqueios

A longo prazo, de 20 a 30 anos, a demanda por criptografia e Bitcoin vai aumentar.
A hipótese é de 15% de retorno médio por ano com uma carteira criptográfica diversificada (pelo menos as 30 maiores moedas do mundo)
Isto é possível com investimento ativo: compre o mergulho, e venda freqüentemente em picos.
Uma média de 15% ao ano é alta. Eu acho que isto é realista com investimentos mais ativos. Ao fazer isso, é preciso construir uma carteira criptográfica.

A longo prazo, de 20 a 30 anos, a demanda por criptografia e Bitcoin vai aumentar.

A hipótese é de 15% de retorno médio por ano com uma carteira criptográfica diversificada (pelo menos as 30 maiores moedas do mundo)
Isto é possível com investimento ativo: compre o mergulho, e venda freqüentemente em picos.

Uma média de 15% ao ano é alta. Eu acho que isto é realista com investimentos mais ativos. Ao fazer isso, é preciso construir uma carteira criptográfica.

Com moedas Bitcoin e crypto, estes picos e vales são muito mais extremos. E é por isso que eu acho que 15% é realista para um investidor avançado em criptografia.

O ponto de partida importante é que você não corra muitos riscos. Pessoalmente, penso em no máximo 10% do seu patrimônio total investido mensalmente em criptografia e Bitcoin. Mais ou menos também é possível. É completamente seu risco e percebe que você pode perder muito dinheiro.

Finalmente, o cripto e o Bitcoin não são (ainda) um investimento passivo. Tire proveito da volatilidade dos preços. Você faz isso vendendo alto e comprando baixo. Use ordens limitadas para automatizar e evitar decisões emocionais.

Agora vem a parte divertida: quanto investir mensalmente em criptografia e Bitcoin por 100K a até 1 milhão?

**Quanto você deveria investir a cada mês em criptografia e Bitcoin por 100.000 dólares?**

O pensamento de cenários é necessário quando se enfrenta um futuro incerto. O investimento mensal em criptograma e Bitcoin é extremamente incerto. Nosso ponto de partida é 15% de retorno médio por ano. Esta é uma suposição. Mas você acredita em cripto e Bitcoin, e por isso decide investir neles mensalmente. Você toma o risco como certo. Você investe apenas com dinheiro que você pode perder 100%.

Vejamos três cenários:

Pior cenário possível: -10% de retorno médio por ano em 20 anos
Cenário mais provável: 15% de retorno médio anual ao longo de 20 anos

Melhor cenário possível: 20% de retorno médio por ano em 20 anos

Neste artigo, continuamos a utilizar estes cenários. O pior dos casos não está incluído, embora seja um cenário realista. Como mais provável, assumimos nossa suposição de 15%.

Dada a incerteza, é necessário utilizar uma estratégia ativa de investimento onde se "compra o molho" (compra baixo). E idealmente vender alto de vez em quando para converter alguns de seus lucros em dinheiro para o próximo mergulho.

Quanto investimento mensal em criptografia e Bitcoin por 100.000 dólares em 20 anos?

Resposta: 100 - 150 dólares por mês.

Com uma pequena quantia de dinheiro, você poderia construir uma grande fortuna. Isto porque o retorno é de 15%, o que é seriamente alto. Estamos sendo otimistas aqui. Muito otimista? O tempo o dirá. (Embora 15% seja consideravelmente menor do que nos últimos cinco anos).

Mas ainda assim. Mesmo com estoques, você pode construir uma grande fortuna com uma pequena quantia de dinheiro. Esse é o poder do retorno a longo prazo.

**Quanto você deveria investir mensalmente em criptografia e Bitcoin por 250.000 dólares?**

Sejamos mais ambiciosos e visemos uma quantidade maior. Quanto investimento mensal em criptografia e Bitcoin por 250.000 dólares em 20 anos?

Resposta: 300 - 350 dólares por mês

Note que com um depósito maior você provavelmente irá exceder os 10%. Suponha que você queira investir 500 dólares mensais. No máximo 10% investindo em criptografia, isso é "apenas" $50 por mês. Mais uma vez, pessoalmente, eu não iria acima de 10%. Entenda bem que isso vem com enormes riscos.

## Quanto você deveria investir a cada mês em criptografia e Bitcoin por 1 milhão de dólares?

Vamos analisar mais um cenário para desaprender. Quanto investir mensalmente em criptograma e Bitcoin por 1 milhão de euros? Isto soa como uma quantia impressionante de dinheiro. No entanto, a verdade é que qualquer um pode conseguir. Mesmo com 8% de retorno!

No entanto, há duas condições. O investimento a longo prazo é a primeira. Tornar-se milionário em 20 anos é viável, mas difícil. Em 30 anos é mais fácil (ver quadro abaixo). Em segundo lugar, você terá que investir muito dinheiro todo mês. Você só deve fazer isso se puder perdê-lo 100%. Também pode dar errado.

Se eu posso fazer isso, você também pode fazer. (Especialmente porque eu não sou um super investidor)

Então: quanto investir mensalmente em criptograma e bitcoin por 1 milhão de euros dentro de 20 anos?

Resposta: 1300 - 1500 dólares por mês

Importante: com 10% de retorno e 1.000 dólares mensais de depósito você terá também 1 milhão após 30 anos. O retorno de 10% é mais realista do que 15%. Isto é possível com uma carteira diversificada de investimentos em ações, ETFs, bens imóveis e alternativas. Isto reduz significativamente o risco. Em outras palavras, a segurança aumenta para 1 milhão!